Fadwa Awn

Estudo do desempenho dos sistemas de deteção de intrusões

Fadwa Awn

Estudo do desempenho dos sistemas de deteção de intrusões

ScienciaScripts

Imprint

Cover image: www.ingimage.com

This book is a translation from the original published under ISBN 978-3-659-88831-1.

Publisher:
Sciencia Scripts
is a trademark of
Dodo Books Indian Ocean Ltd. and OmniScriptum S.R.L publishing group

120 High Road, East Finchley, London, N2 9ED, United Kingdom
Str. Armeneasca 28/1, office 1, Chisinau MD-2012, Republic of Moldova, Europe
Managing Directors: Ieva Konstantinova, Victoria Ursu
info@omniscriptum.com

Printed at: see last page
ISBN: 978-620-8-56367-7

Índice

RECONHECIMENTO

Gostaria de expressar a minha sincera gratidão a todos os que me apoiaram e apoiaram este trabalho para que se tornasse realidade. Um agradecimento especial ao orientador da tese, Prof. Dr. Khaled Abood, pela sua paciência, motivação, entusiasmo e imenso conhecimento. Para além do meu orientador, gostaria de agradecer ao Prof. Dr. Adel Salam pela sua ajuda nas redes neuronais e a todos os médicos dos departamentos de Tecnologias da Informação e de Informática por me terem oferecido a oportunidade de estudar no programa de mestrado e por me terem orientado ao longo do mesmo.

Gostaria também de agradecer à minha família que me apoiou e ajudou. Não há palavras para exprimir a minha gratidão, em especial aos meus pais, Dr. Arwa Ali e Eng. Abdul-Bari Awn, que acreditaram em mim. O meu marido, Eng. Wadhah Awn, pelo seu encorajamento e aos meus adoráveis filhos Ali e Sama, a razão secreta da minha felicidade, para além dos meus três irmãos.

Finalmente, dedico este trabalho ao espírito da minha avó, o coração mais bondoso que alguma vez conheci.

Obrigado a todos, muito obrigado....

Eng. Fadwa Abdul-Bari Awn

RESUMO

A segurança da informação tornou-se uma questão importante na última década devido à grande difusão da rede e da Internet, que são consideradas meios de transmissão inseguros. Deste ponto de vista, os intervenientes na segurança concentram os seus esforços no sentido de fornecer o melhor método de implementação da segurança da informação, sendo um desses métodos o Sistema de Deteção de Intrusão (IDS).

O IDS é um software com as funções de detetar, identificar e responder a actividades não autorizadas ou anormais num sistema alvo. O IDS é utilizado pelas organizações para garantir a segurança dos valiosos recursos de informação (activos de informação).

Existem dois tipos de sistemas de deteção de intrusões: a deteção baseada em anomalias e a deteção baseada na utilização abusiva. O primeiro tipo define um determinado modelo da atividade (comportamento) normal de um utilizador, de modo que qualquer desvio deste modelo é classificado como anómalo, enquanto o segundo tipo funciona com padrões previamente preparados (assinaturas) de ataques conhecidos que são utilizados para identificar intrusões.

Infelizmente, os IDS têm alguns erros que afectam gravemente o trabalho da organização. Estes erros são principalmente classificados em dois tipos: erros falsos positivos e erros falsos negativos. Os erros falsos positivos ocorrem quando o IDS classifica erradamente pacotes ou actividades normais como um ataque. Por outro lado, os erros falsos negativos ocorrem quando o IDS aceita um ataque como uma atividade normal.

Neste trabalho de investigação, a Rede Neuronal Artificial (RNA) é utilizada para implementar os dois tipos de sistema de deteção de intrusões, porque a rede neuronal é um método adequado para o problema da deteção e classificação, especialmente quando é difícil definir claramente as regras, como é o caso da deteção de utilizações indevidas ou da deteção de anomalias. Foi utilizada a arquitetura de rede neural feed-forward (FFNN), em que os neurónios de cada camada estão ligados aos neurónios da camada seguinte. A FFNN foi treinada utilizando o algoritmo de retropropagação (ABP). O ABP funciona com base na aprendizagem supervisionada, em que os vectores de entrada e os vectores-alvo correspondentes são utilizados para treinar a rede.

O conjunto de dados KDD'99 foi utilizado para treinar e testar o FFNN que representava ambos os tipos de IDS (ou seja, baseado em anomalias e baseado em utilização incorrecta). O conjunto de dados foi pré-processado através da extração de 41 caraterísticas utilizadas para distinguir entre registos normais e ataques e para determinar o tipo de ataque. O conjunto de dados do KDD ' 99 pode ser utilizado sem mais demoras para extrair as informações necessárias e, além disso, pode ser utilizado para comparar diferentes IDS entre si, trabalhando com o mesmo conjunto de dados.

Foram utilizadas diferentes estruturas FFNN para estudar o efeito do aumento do número de camadas ocultas na eficiência de ambos os tipos de IDS, para além de ter sido efectuada uma comparação entre eles com base nos resultados experimentais obtidos. Neste trabalho, a melhoria do desempenho de ambos os tipos de IDS é conseguida com a ajuda da FFNN e da ABP. Os resultados obtidos mostram que a taxa de classificação é melhorada para 96,8% no caso dos IDS baseados em anomalias e 96,4% no caso dos IDS baseados em utilizações abusivas, e a taxa de deteção é de 99,8% no caso dos IDS baseados em anomalias e 98,4% no caso dos IDS baseados em utilizações abusivas, reduzindo significativamente o erro falso negativo em ambos os sistemas IDS, em comparação com os resultados obtidos em trabalhos anteriores.

Lista de abreviaturas

ABB. No	ABB. Name
1	Intrusion Detection System (IDS)
2	Artificial Neural Network (ANN)
3	Feed-Forward Neural Network (FFNN)
4	Back Propagation Algorithm (BPA)
5	confidentiality, integrity and availability (CIA)
6	Network-Based Intrusion Detection System (NIDS)
7	Local Area Network (LAN)
8	Host-Based Intrusion Detection System (HIDS)
9	Multi Layers Perceptron (MLP)
10	Principal Component Analysis (PCA)
11	Error **e**
12	Target **t**
13	Actual Output **y**
14	Weight **W**
15	Learning rate $\boldsymbol{\alpha}$
16	Error gradient $\boldsymbol{\delta}$
17	Net weighted input **X**
18	Steepest Descent Method (SDM)
19	Mean Square Error (MSE)
20	MATLAB (MATrix LABoratory)
21	Defense Advanced Research projects Agency (DARPA)

22	Air force Research Laboratory (AFRL)
23	Denials-of Service (DoS)
24	User-to-Root (U2R)
25	Remote-to-Local (R2L)
26	True Positive (TP)
27	False Positive(FP)
28	False Positive Error (FPE)
29	True Negative (TN)
30	False Negative (FN)
31	False Negative Error (FNE)
32	Anomaly – based Intrusion Detection system (AID)
33	Misuse – based Intrusion Detection system (MID)
34	Receiver Operating Characteristic (ROC)

Capítulo 1: Introdução

1.1. Introdução :

N os dias de hoje, manter informações valiosas seguras é uma das prioridades mais importantes para as organizações, particularmente com a ampla utilização de redes e da Internet nas comunicações. As redes de computadores e a Internet são consideradas meios de transmissão pouco seguros, pois apresentam pontos fracos que podem ser utilizados por terceiros para aceder à informação de um determinado sistema da organização. Por isso, são necessários alguns mecanismos de proteção da informação durante as comunicações em rede, um desses mecanismos é o Sistema de Deteção de Intrusão (IDS). O IDS é utilizado para detetar, identificar e responder a acessos não autorizados ou actividades anormais (ataques) num sistema alvo.

1.2. Motivação :

Os IDS desempenham um papel importante na segurança das organizações, uma vez que são utilizados para proteger os valiosos recursos de informação (activos de informação) contra utilizadores ou actividades maliciosas, quer se trate de comunicação através de meios de transmissão não seguros ou de utilização diária entre utilizadores. Por conseguinte, melhorar o desempenho dos IDS é uma das prioridades dos participantes na segurança, a fim de aumentar a taxa de classificação e a capacidade de deteção e reduzir os erros. Infelizmente, os IDS apresentam alguns erros que afectam gravemente o trabalho da organização. Estes erros são principalmente classificados em dois tipos: erros de falsos positivos e erros de falsos negativos. Os erros falsos positivos ocorrem quando o IDS classifica erradamente pacotes ou actividades normais como um ataque. Por outro lado, os erros falsos negativos ocorrem quando o IDS aceita um ataque como uma atividade normal. O IDS ideal é aquele que encontra uma solução de compromisso entre o aumento da capacidade de detetar o ataque e a redução do erro.

Existem dois tipos de sistemas de deteção de intrusões: a deteção baseada em anomalias e a deteção baseada na utilização indevida. O primeiro tipo define um determinado modelo da atividade normal (comportamento) de um utilizador, de modo que qualquer desvio deste modelo é classificado como anómalo, enquanto o segundo tipo funciona com padrões previamente preparados (assinaturas) de ataques conhecidos que são utilizados para identificar intrusões. Neste trabalho de investigação, os dois tipos de IDS são estudados e o seu desempenho é avaliado experimentalmente.

1.3. Metodologia :

Neste trabalho de investigação, a Rede Neuronal Artificial (RNA) é utilizada para implementar ou representar ambos os tipos de IDS. A RNA é um método adequado para o problema da deteção e classificação, especialmente quando é difícil definir claramente as regras, como é o caso dos IDS. São exploradas as caraterísticas de aprendizagem rápida e a capacidade de classificação da RNA.

Neste trabalho, propusemos uma estrutura de RNA em que a rede neural Feed Forward (FFNN) e o algoritmo de retropropagação (ABP) são utilizados para treinar esta RNA. São recolhidos registos aleatórios do conjunto de dados KDD CUP'99 para treinar e testar a RNA.

1.4. Objectivos:

Este trabalho de investigação visa a aplicação de uma RNA a ambos os tipos de IDS, ou seja, os baseados em anomalias e os baseados em utilização abusiva. Centra-se na avaliação do desempenho de ambos os sistemas através dos seguintes objectivos

- Encontrar a estrutura óptima da RNA para representar um sistema de deteção de intrusões baseado em anomalias que corresponda aos seus requisitos.

- Encontrar a estrutura óptima da RNA para representar um sistema de deteção de intrusões baseado na utilização indevida que se adeqúe aos seus requisitos.

- Comparação do desempenho dos dois sistemas IDS para ambas as estruturas ANN.

- Testar ambos os sistemas IDS quando são aplicados novos ataques.

1.5. Contribuição:

O trabalho realizado nesta tese contribui para a comparação do desempenho de ambos os sistemas de deteção de intrusões utilizando redes ANN. Foram propostas e utilizadas duas estruturas de RNA devido à natureza diferente de ambos os tipos de IDS, de tal modo que a primeira estrutura representa o IDS baseado em anomalias e a outra estrutura representa o IDS baseado em utilização abusiva. A taxa de classificação global e a taxa de deteção aumentaram significativamente para ambos os tipos de IDS em comparação com trabalhos anteriores, de tal modo que, para os IDS baseados em anomalias, obtemos uma taxa de classificação global de 96,8%, enquanto em trabalhos anteriores era de 86% [30] e 88% [14], e para os IDS baseados em utilização abusiva, obtemos uma taxa de classificação global de 96,4% e uma taxa de deteção de 98,4%, enquanto em trabalhos anteriores a taxa de deteção era de 97,4% [18] e 86% [25].

1.6. Organização da tese:

Este trabalho de investigação está organizado em cinco capítulos: o capítulo 1 contém uma introdução sobre a investigação, enquanto o capítulo 2 descreve os antecedentes teóricos e o trabalho relacionado nesta área. O capítulo 3 descreve o conjunto de dados utilizado e a experimentação, o capítulo 4 discute os resultados e, finalmente, o capítulo 5 conclui o trabalho.

Capítulo 2: Trabalhos relacionados

A segurança da informação é um processo que proporciona proteção à informação; deve proporcionar três componentes principais: confidencialidade, integridade e disponibilidade (CIA). Estes três componentes formam a CIA tentada, uma ameaça comum a todos estes três componentes é um intruso que pode causar a divulgação de informações confidenciais, a alteração de informações sensíveis e a negação de determinadas acções. Este intruso pode ser detectado através da utilização do mecanismo IDS.

2.1. Definição de intrusão:

Uma intrusão é qualquer utilização, ou tentativa de utilização, de um sistema para obter ilegalmente acesso ao sistema que exceda os limites de autenticação para comprometer a segurança de um computador ou de uma rede informática [19, 11].

O processo de intrusão num sistema requer as seguintes etapas :

1. Identificação do alvo.

2. Reconhecimento, ou seja, recolha de informações sobre o alvo para descobrir as vulnerabilidades do sistema.

3. Obter acesso ao sistema.

4. Utilização dos recursos do sistema.

O indivíduo que efectua o processo de intrusão é um intruso. Podem ser reconhecidos dois tipos de intrusos:

- Um Outsider: um indivíduo não autorizado que obtém acesso ao sistema.
- Um Insider: um utilizador legítimo que utiliza indevidamente os seus privilégios e obtém acesso a recursos do sistema não autorizados.

Deste ponto de vista, é necessário um mecanismo ou um sistema para ultrapassar o efeito do intruso, este sistema é conhecido como sistema de deteção de intrusão (IDS).

2.2. Sistema de deteção de intrusão (IDS):

Um IDS é um software com funções de deteção, identificação e resposta a actividades não autorizadas ou anormais num sistema alvo [4, 12]. Este IDS é utilizado pelas organizações para fornecer segurança aos valiosos recursos de informação (activos de informação) e para assegurar comunicações seguras aos utilizadores normais, uma vez que o principal objetivo do IDS é distinguir entre intrusos e utilizadores normais [2].

Os IDS são utilizados para realizar as seguintes tarefas [22]:

- prevenir dinamicamente os danos que as intrusões detectadas possam causar.
- atenuar dinamicamente os danos que as intrusões detectadas possam causar.
- para identificar uma atividade que possa ser um precursor de um ataque mais grave.
- para identificar o autor do ataque.

• para descobrir novos padrões de ataque.

Para que o IDS seja capaz de cumprir as suas tarefas, deve seguir alguns requisitos. Esses requisitos podem ser considerados como critérios de avaliação da eficiência do IDS, que são [7]:

• Precisão: os IDS não devem identificar uma ação legítima num ambiente de sistema como uma anomalia ou uma utilização abusiva.

• Desempenho: O desempenho do IDS deve ser suficientemente elevado para permitir a deteção de intrusões em tempo real.

• Completude: os IDS não devem deixar de detetar uma intrusão. Temos de admitir que é bastante difícil cumprir este requisito porque é quase impossível ter um conhecimento global sobre ataques passados, presentes e futuros.

• Tolerância a falhas: o próprio IDS deve ser resistente a ataques e às suas consequências.

• Atualidade: o IDS deve efetuar a análise o mais rapidamente possível. É muito importante porque as contramedidas contra um ataque detectado devem ser efectuadas antes de o ataque causar danos a um recurso do sistema ou ao próprio IDS.

Os IDS têm diferentes tipos de ação por defeito quando não existem regras específicas para um determinado objeto. De acordo com esta ação por defeito, os IDS podem ser classificados como proibitivos ou permissivos. Um IDS proibitivo começa por negar o acesso a todos os recursos. O acesso a todos os recursos é proibido, a menos que seja especificamente concedido. Este tipo de IDS funciona bem num ambiente que contém muitas informações sensíveis. Por outro lado, um IDS permissivo permite o acesso a todas as informações, a menos que esse acesso seja explicitamente negado. Um IDS permissivo funciona bem num ambiente com pouca informação sensível [19].

Existem dois tipos principais de IDS baseados na análise de eventos para detetar ataques, que são o sistema de deteção de anomalias e o sistema de deteção de abusos. No primeiro tipo, o IDS detecta intrusões procurando tráfego de rede "anormal", enquanto no outro tipo o IDS detecta intrusões procurando actividades que correspondam a assinaturas conhecidas de intrusões ou vulnerabilidades [10].

2.3. Classificação dos IDS:

A classificação dos IDS depende da função e das caraterísticas de funcionamento dos IDS, com base nas quais os IDS podem ser classificados de acordo com os processos de deteção e com o âmbito da monitorização.

2.3.1. Tipos de IDS baseados no processo de deteção:

De acordo com os processos de deteção, podem classificar-se dois tipos de IDS, a saber, a deteção baseada em anomalias e a deteção baseada na utilização abusiva (assinatura).

2.3.1. 1. IDS baseados em anomalias:

Na deteção baseada em anomalias, também conhecida como deteção baseada no comportamento, a ideia principal é detetar o comportamento que não é normal, ou o comportamento que não é consistente com o comportamento normal. A deteção de anomalias compara a atividade observada com os perfis de utilização normal esperados, uma vez que o utilizador normal tem uma determinada funcionalidade que não muda muito com o tempo. A utilização desta abordagem visa a necessidade de aprender um comportamento normal do utilizador. Por outras palavras, significa que o IDS deve ter conhecimento do comportamento do utilizador antes do seu funcionamento normal [21].

Para este tipo de deteção, é necessária uma lista de comportamentos normais, conhecida como perfil do utilizador, que descreve o comportamento normal do utilizador. No entanto, nem os dados históricos nem os dados empíricos representam todos os comportamentos aceitáveis possíveis. Assim, uma lista tem de ser continuamente actualizada à medida que surgem novos padrões de comportamento que não constam da lista e que são classificados como comportamento aceitável ou normal. O conceito de deteção de anomalias criará, para cada sistema vigiado, uma base de dados correspondente de perfis "normais". Qualquer atividade no sistema é verificada em relação a estes perfis e é considerada aceitável ou não com base na presença de tal atividade na base de dados de perfis [11].

A vantagem dos IDS baseados em anomalias é que podem detetar tipos de ataques novos e desconhecidos, uma vez que detectam apenas utilizadores normais, pelo que qualquer desvio das actividades normais ou quaisquer outras actividades são consideradas anómalas, quer se trate de um ataque conhecido ou não.

O IDS baseado em anomalias pode ser considerado como um IDS proibitivo, uma vez que apenas permite que utilizadores autorizados (normais) acedam ao sistema, enquanto qualquer outro utilizador que não seja considerado normal será tratado como um intruso. Por esta razão, o IDS baseado em anomalias tem uma taxa relativamente elevada de falsos alarmes, especialmente quando o utilizador muda as suas actividades ou tem algumas actividades novas que o IDS baseado em anomalias não foi treinado para aceitar.

2.3.1.2. IDS baseado em uso indevido:

Na deteção baseada na utilização indevida, também conhecida como deteção baseada na assinatura, a ideia principal é detetar actividades conhecidas que tenham uma assinatura conhecida devido ao facto de qualquer intrusão poder ser descrita em termos das suas indicações e sinais. O conceito de deteção de utilização abusiva parte do princípio de que cada atividade intrusiva pode ser representada por um padrão único ou por uma assinatura que difere das actividades normais, pelo que estas ligeiras variações da mesma atividade produzem uma nova assinatura e, por conseguinte, podem ser detectadas. O IDS de utilização abusiva procura uma assinatura específica num sistema, de modo a que os recursos do sistema sejam monitorizados e comparados com as assinaturas da lista que descrevem a utilização abusiva ou indesejável dos recursos. Por outras palavras, os IDS baseados na utilização abusiva comparam simplesmente a atividade atual do sistema com as assinaturas de ataque armazenadas e, quando é encontrada uma correspondência, disparam um alerta de intrusão.

Para este efeito, é necessária uma lista de todas as acções inaceitáveis conhecidas ou assinaturas de utilização indevida para este tipo de deteção. Dado que há um número infinito de coisas que podem ser classificadas como utilização abusiva, não é possível incluí-las todas na lista e mantê-la gerível. Assim, apenas um número limitado de coisas deve constar da lista [11].

Para controlar essa lista, ela é classificada em grandes actividades principais (ou seja, divulgação, alteração e componentes de negação), de modo que a utilização destas classificações de utilização indevida, cujas assinaturas são já conhecidas, facilita a operação de deteção.

O perigo ocorre quando os ataques, cujas assinaturas não estão incluídas na lista, ou novos ataques, que têm uma assinatura desconhecida, aparecem no sistema, tais ataques não podem ser detectados. Isto significa que o sistema nunca detectará um novo ataque.

Os IDS baseados no uso indevido podem ser considerados como IDS permissivos, uma vez que impedem apenas os ataques conhecidos de aceder ao sistema, enquanto qualquer outro acesso será permitido, ou seja, qualquer atividade não reconhecida é considerada normal. Por essa razão, os IDS baseados na utilização indevida têm um ponto fraco muito perigoso que é permitir que ataques desconhecidos acedam ao sistema como um utilizador normal [19].

2.3.2. Tipos de IDS baseados no âmbito da monitorização:

De acordo com o âmbito da monitorização, são também classificados dois tipos de IDS: a deteção de intrusões baseada na rede, que pode monitorizar uma vasta área, e as detecções baseadas no anfitrião, que monitorizam apenas uma pequena área limitada.

2.3.2.1. Sistema de deteção de intrusões com base na rede (NIDS) :

O sistema de deteção de intrusões baseado em rede é o sistema que tem toda a rede como âmbito de monitorização. A vantagem do IDS baseado em rede é a deteção de intrusões que atravessam um segmento de rede específico, podendo ser utilizado para detetar ataques a vários sistemas e fornecer um "sistema de alerta precoce" para uma sub-rede inteira, em que os tráfegos na rede são monitorizados para detetar intrusões e quaisquer dados que possam ser considerados não autorizados e prejudiciais que ocorram numa rede.

O NIDS pode funcionar como uma máquina autónoma independente onde vigia promiscuamente todo o tráfego de rede ou pode apenas monitorizar-se a si próprio como máquina alvo para vigiar o seu próprio tráfego.

Os IDS baseados em rede podem ser colocados fora da firewall principal da Internet de uma organização ou dentro da firewall, de modo a que o IDS externo mantenha o registo de todas as tentativas de intrusão na firewall da organização, enquanto o IDS interno pode detetar quaisquer ataques que passem pela firewall. Esta informação pode ajudar a avaliar a eficácia da sua configuração de firewall e apontar quaisquer pontos fracos, uma vez que o IDS vê todo o tráfego que passa entre a Internet e a LAN. No entanto, o IDS baseado em rede não detecta os pacotes que passam entre os computadores da LAN [19].

2.3.2.2. Sistema de deteção de intrusões com base no anfitrião (HIDS) :

Estudos recentes demonstraram que o problema da utilização indevida de informações organizacionais não se limita apenas aos "maus" estranhos, mas que o problema é mais galopante dentro das organizações. Para resolver este problema, os peritos em segurança voltaram-se para a inspeção dos sistemas dentro da rede de uma organização. Esta inspeção local dos sistemas é designada por sistemas de deteção de intrusões baseados no anfitrião (HIDS) [11].

As actividades maliciosas num único computador podem ser detectadas utilizando a deteção de intrusões com base no anfitrião, uma vez que o sistema de deteção de intrusões com base no anfitrião é colocado num único computador de destino e monitoriza os registos específicos do sistema operativo, incluindo os registos do sistema, de eventos e de segurança, para monitorizar alterações súbitas nestes registos. Quando é detectada uma alteração em qualquer um destes ficheiros, tem lugar uma comparação, o HIDS compara a nova entrada de registo com as suas assinaturas de ataque configuradas para ver se existe uma correspondência. Se for detectada uma correspondência, isso indica a presença de uma atividade ilegítima, ou seja, um ataque.

Os HIDS podem ser implementados num anfitrião remoto ou podem ser implementados num segmento de uma rede para monitorizar uma secção do segmento. Os dados recolhidos, que por vezes podem ser avassaladores, são depois comparados com as regras da política de segurança da organização. A desvantagem dos HIDSs é que, dada a quantidade de registos de dados gerados, a análise desses dados brutos pode sobrecarregar significativamente não só a capacidade de processamento necessária para analisar esses dados, mas também o pessoal de segurança necessário para analisar os dados.

Ao contrário do IDS baseado na rede, o IDS baseado no anfitrião pode considerar pacotes de rede de todas as fontes de várias redes e pontos de contacto. O IDS baseado no anfitrião também pode examinar os ficheiros de registo do sistema para obter provas de atividade de intrusão. Os IDS baseados no anfitrião exigem mais administração do que os IDS baseados na rede, porque cada sistema que precisa de ser protegido deve ter um IDS a funcionar nele [19].

2.4. Erros de IDS:

Infelizmente, os IDS têm alguns erros que afectam gravemente a segurança da informação, erros esses que se classificam principalmente em dois tipos: erros falsos positivos e erros falsos negativos.

- Os erros **de falsos positivos**: os erros de falsos positivos ocorrem quando o IDS classifica erradamente pacotes ou actividades normais como um ataque.
- Os erros **falsos negativos**: os erros falsos negativos ocorrem quando uma intrusão não é detectada, de tal modo que o IDS aceita um ataque como uma atividade normal.

Os erros falsos positivos podem degradar a produtividade dos sistemas ao invocar contramedidas desnecessárias. Por outro lado, os erros falsos negativos causam grandes prejuízos às organizações que estão ligadas aos sistemas através de redes. O risco de erros falsos negativos é maior do que o risco de erros falsos positivos [2].

2.5. Revisão dos sistemas IDS:

Devido à importância dos IDS no mundo da segurança da informação, existem muitas investigações relacionadas com os IDS que envolvem o estudo dos IDS e dos seus diferentes tipos, as linhas seguintes descrevem algumas dessas investigações relacionadas com o nosso trabalho:

Mikhail Gordeev [21] apresentou uma introdução ao sistema de deteção de intrusões, descreveu diferentes abordagens à deteção de intrusões e descreveu os métodos utilizados pelos sistemas de deteção de intrusões, dando ideias claras sobre os princípios e métodos mais importantes subjacentes. O autor classificou os IDS com base na funcionalidade e nas caraterísticas de funcionamento, em vez de classificar os IDS propriamente ditos. Ilustrou que o sistema de deteção de intrusões tem duas abordagens gerais de acordo com a operação de deteção, que são: deteção de anomalias e utilização indevida deteção, em que o primeiro grupo define um determinado modelo da atividade normal (comportamento) de um utilizador, de tal modo que qualquer desvio deste modelo é classificado como anómalo, enquanto o segundo grupo funciona com padrões previamente preparados (assinaturas) de ataques conhecidos que são utilizados para identificar intrusões.

Dorothy E. Denning [4] descreveu o primeiro modelo de deteção baseado em anomalias, que consistia numa deteção de intrusões em tempo real baseada num sistema pericial (baseado em regras) capaz de detetar arrombamentos, penetrações e outras formas de abuso informático. O modelo baseava-se na hipótese de que as violações de segurança podem ser detectadas através da monitorização dos registos de auditoria de um sistema para detetar padrões anormais de utilização do sistema. O modelo incluía perfis para representar o comportamento dos sujeitos em relação aos objectos em termos de métricas e modelos estatísticos, e regras para adquirir conhecimentos sobre este comportamento a partir de registos de auditoria e para detetar comportamentos anómalos. O modelo forneceu uma estrutura para um sistema especializado de deteção de intrusões de uso geral.

S. Saravanakumar et. al. [27] analisaram o efeito de diferentes estruturas de redes neuronais no IDS, comparando o desempenho de diferentes métodos que utilizam RNA para implementar uma nova combinação de algoritmos de RNA que seja eficaz na deteção de intrusões num ambiente em rede. A importância da investigação consiste em explorar as vantagens potenciais de diferentes algoritmos de RNA como software de deteção de intrusões numa rede informática, de modo que, quando uma RNA é devidamente explorada para a sua aplicação completa como software de deteção de intrusões, a maioria dos ataques pode ser detectada.

V. Muthukkumarasamy et. al. [30] desenvolveram um mecanismo de segurança que pode detetar de forma inteligente ataques conhecidos e desconhecidos para resolver os problemas dos IDS, que são a incapacidade de detetar ataques totalmente desconhecidos, demasiados alarmes de falsos positivos e tempo de resposta lento. O sistema proposto baseia-se em RNA com ABP para representar IDS baseados em anomalias. A propriedade de auto-aprendizagem e a capacidade de classificação da RNA foram exploradas para detetar novos ataques quando um ataque está a entrar no sistema em tempo real. O resultado final mostrou que as taxas de classificação para tráfego normal, ataques conhecidos e ataques desconhecidos foram de 100%, 92% e 80%, respetivamente.

M. Pradhan et. al. [14] experimentaram o comportamento do utilizador como parâmetro no IDS, introduziram o sistema de deteção de intrusões baseado em anomalias utilizando a ABP para a RNA para verificar se a RNA tem a capacidade de classificar corretamente o tráfego normal e detetar ataques conhecidos e desconhecidos sem utilizar uma grande quantidade de dados de treino. Ilustraram que o sistema de deteção de anomalias requer a criação de perfis de comportamento normal do utilizador e do sistema para servir de base à operação de deteção, de modo a que quaisquer desvios desta base sejam definidos como anómalos e tratados como um possível ataque. O ponto-chave foi encontrar uma solução de compromisso entre a capacidade de detetar novos ataques e a capacidade de gerar uma baixa taxa de falsos alarmes para desenvolver um sistema fiável de deteção de anomalias de intrusão.

A ABP no âmbito da RNA foi utilizada para a formação, porque a ABP procura os valores de peso óptimos que minimizam o erro total da rede sobre os dados de formação (conjunto de formação). O resultado da experiência mostrou que a taxa de classificação global foi de 88% em ataques conhecidos e desconhecidos, de modo que o sistema tem uma taxa de classificação de 100% para o tráfego normal, 96% para ataques conhecidos e 80% para ataques desconhecidos.

Daejoon Joo et. al. [2] compararam diferentes tipos de erros de IDS para melhorar o desempenho global do IDS, tentaram minimizar a perda para uma organização num ambiente de rede aberta utilizando RNA, o estudo analisa a relação custo-eficácia dos dois tipos de erro, a fim de descobrir qual deles tem o maior impacto na segurança da rede. Este estudo utilizou o modelo de rede neural para a deteção de intrusões para melhorar a capacidade de previsão de utilizadores não autorizados ou anormais no IDS, de modo a reduzir os custos totais com base nos custos assimétricos dos erros do IDS. A RNA foi utilizada porque representa um método adequado para o problema da deteção e classificação, especialmente quando é difícil definir claramente as regras e é melhor captar o padrão complexo de relações entre variáveis, como é o caso da deteção de anomalias aqui utilizada. Os resultados desta experiência empírica mostram que o custo de um erro falso negativo é muito mais elevado do que o de um erro falso positivo.

Cannady [9] apresentou uma abordagem ao processo de deteção de utilizações abusivas, ou seja, a utilização de sistemas especializados baseados em regras para identificar indícios de ataques conhecidos através dos pontos fortes analíticos das redes neuronais, a fim de identificar e classificar a atividade da rede com base numa fonte de dados limitada, incompleta e não linear.

Foi utilizada uma rede neural porque pode efetuar uma análise da informação e fornecer uma estimativa de probabilidade aos dados que foram treinados para reconhecer.

A Cannady utilizou a rede neural no sistema de deteção de utilizações indevidas devido a algumas vantagens, a primeira das quais era a flexibilidade que a rede proporcionaria, de tal forma que a rede neural seria capaz de analisar os dados da rede, mesmo que os dados estivessem incompletos ou distorcidos. A segunda é a capacidade da rede neuronal para efetuar uma análise com dados de forma não linear. Para além disso, a velocidade de processamento da rede neuronal poderia permitir que as respostas a intrusões fossem conduzidas antes de ocorrerem danos irreparáveis no sistema.

O sistema concebido neste estudo destinava-se a funcionar como um sistema autónomo (não como um classificador preliminar). O protótipo utilizado utilizou uma arquitetura Multi Layers Perceptron (MLP) que consistia em quatro camadas totalmente ligadas com nove entradas porque utilizou nove caraterísticas como entradas que fornecem uma descrição completa da informação transmitida pelo pacote. O resultado final é um classificador de duas classes que conseguiu classificar os registos normais e de ataque em 89-91% dos casos.

Mehdi Moradi et. al. [18] aplicaram o conceito de Perceptron de Múltiplas Camadas (MLP) para a deteção de intrusões indevidas, a fim de resolver um problema multi-classe em que o tipo de ataque é também detectado pela rede neural. A deteção do tipo de ataque permitirá ao sistema sugerir acções adequadas no futuro contra esses ataques. Foram analisadas diferentes estruturas de redes neuronais para encontrar a rede neuronal óptima no que respeita ao número de camadas ocultas. Todas as redes neuronais implementadas tinham 35 neurónios de entrada (igual ao número de caraterísticas utilizadas que afectam o processo de classificação) e três neurónios de saída (igual ao número de classes pretendidas). O número de camadas ocultas e de neurónios em cada uma delas foram parâmetros utilizados para a otimização da arquitetura da rede neural. Na fase de treino, foi utilizado um método de validação de paragem antecipada para aumentar a eficiência da rede neural. O resultado final mostrou que o sistema concebido era capaz de classificar registos com cerca de 91% de precisão com duas camadas ocultas de neurónios na rede neural e 87% de precisão com uma camada oculta.

Ravi Kiran Varma.P Mvgr et. al. [25] produziu um classificador de 15 classes para implementar o conceito de deteção de intrusões mal utilizadas, em que podem ser detectados 14 tipos diferentes de ataques e utilizadores normais. A literatura baseou-se na RNA e na norma de dados de avaliação de IDS do KDD 1999, que consiste em 41 caraterísticas, tendo sido utilizadas as 41 caraterísticas para treinar e testar a RNA proposta, para além de ter sido utilizado o algoritmo de análise de componentes principais (PCA) para reduzir o número de caraterísticas e melhorar o tempo de treino. A RNA foi utilizada devido a várias vantagens, como a boa capacidade de aprendizagem, a adaptabilidade, a tolerância a falhas, a capacidade de implementação em hardware, a caraterística inerente ao processamento de informações contextuais, o baixo consumo de energia, etc., enquanto o algoritmo PCA foi utilizado para extrair as caraterísticas essenciais necessárias para efeitos de classificação, reduzindo o número de caraterísticas para 15, reduzindo assim também o tempo de formação da RNA. Os resultados mostraram que a rede neural MLP demonstrou ser capaz de implementar um problema de classificação multiclasse de forma muito eficiente, mesmo com 15 classes, de tal forma que a taxa média de deteção foi de 86,28% e a utilização do algoritmo PCA melhorou o tempo de formação em 62%.

2.6. Revisão das Redes Neuronais Artificiais:

As Redes Neuronais Artificiais (RNA) desempenham um papel importante nas técnicas de Inteligência Artificial [25] devido às suas caraterísticas, nomeadamente a capacidade de aprendizagem e a capacidade de classificação, pelo que foram utilizadas para representar os diferentes algoritmos de IDS (anomalia e utilização abusiva).

As Redes Neuronais Artificiais (RNA) são elementos de computação paralela inspirados na estrutura e função dos neurónios biológicos. As RNA são constituídas por unidades de processamento interligadas (neurónios) que transformam um conjunto de entradas num conjunto de saídas através de ligações entre si; estas ligações têm pesos que determinam o grau de influência de uma unidade sobre a outra.

Cada neurónio tem um meio de calcular o seu nível de ativação, tendo em conta as entradas e os pesos numéricos.

Para construir uma rede neural artificial, é necessário, em primeiro lugar, selecionar a arquitetura da rede. De seguida, determina-se o algoritmo de aprendizagem a utilizar. E, finalmente, treinar a rede neural, ou seja, inicializar os pesos da rede e atualizar os pesos a partir de um conjunto de exemplos de treino [20].

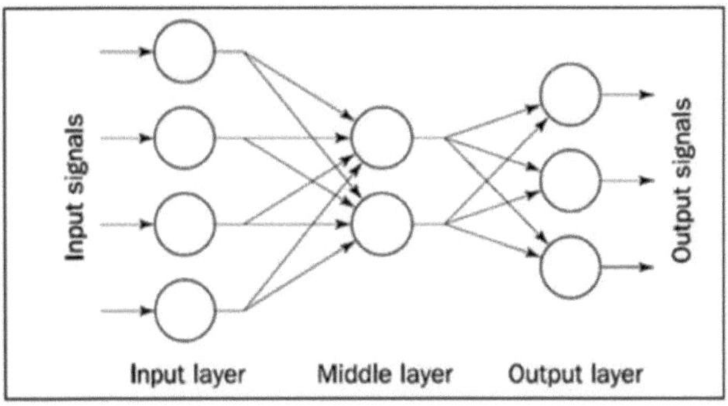

Figura 2.1: modelo típico de rede neural artificial

Podem distinguir-se dois tipos de arquitetura das redes neuronais [20] :

- **Algoritmos de formação supervisionada**, em que, na fase de aprendizagem, a rede aprende a saída desejada para uma determinada entrada ou padrão.
- **Algoritmos de formação não supervisionada**, em que, na fase de aprendizagem, a rede aprende sem especificar a saída desejada. O algoritmo de formação não supervisionada tenta

encontrar um mapeamento topológico do espaço de entrada para os clusters.

Neste trabalho de investigação, utilizámos RNA com algoritmos de treino supervisionado porque representa um método adequado para o problema de deteção e classificação em que é difícil definir claramente as regras, como é o caso dos IDS.

2.6.1. Algoritmo de retropropagação (BPA):

A ABP funciona com base na aprendizagem supervisionada, em que os vectores de entrada e os vectores de destino correspondentes são utilizados para treinar uma rede até que esta rede possa aproximar uma função, associar vectores de entrada a vectores de saída específicos ou classificar vectores de entrada de forma adequada.

A ABP é utilizada para redes neurais feed-forward (FFNN), em que os neurónios de cada camada estão ligados aos neurónios da camada seguinte. Normalmente, a FFNN contém várias camadas, pelo menos três camadas, que são a camada de entrada, a camada de saída e a camada oculta.

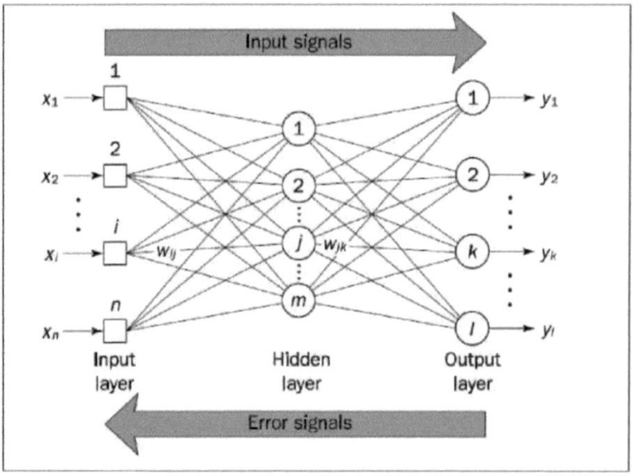

Figura 2.2: Rede neural de retropropagação de três camadas

A ABP efectua duas passagens por estas camadas, a passagem para a frente e a passagem para trás, tal como se refere a seguir.

- **Forward Pass**: os dados de treino são introduzidos na camada de entrada, depois os dados são propagados para a camada oculta e, finalmente, para a camada de saída.

- **Passagem para trás**: onde o erro entre os valores de saída actuais e os valores de saída pretendidos é calculado e propagado de volta para a camada oculta. Para propagar os sinais de erro, começamos na camada de saída e trabalhamos para trás até à camada oculta.

Este erro **e** é utilizado para atualizar as forças de ligação (ou seja, os pesos) entre os neurónios. Para encontrar os valores de peso adequados, o sinal de erro na saída de um neurónio é definido como a diferença entre a saída desejada (alvo) **t** e a saída real **y**:

$e = t - y$ equação 2.1

Em seguida, os pesos são ajustados de acordo com a seguinte fórmula:

$W_{new} = W_{old} + \Delta w$ equação 2.2

em que **Δw** é a correção do peso, a correção do peso na rede multicamadas é calculada por

$\Delta w = \alpha * y * 6$ equação 2.3

onde **α** é a taxa de aprendizagem, uma constante positiva inferior à unidade e **δ** é o gradiente de erro, o gradiente de erro é determinado como a derivada da função de ativação multiplicada pelo erro na saída do neurónio [20]:

$$\delta = \frac{\partial y}{\partial x} * e$$ equação 2.4

em que **y** é a saída de um neurónio numa determinada iteração e **X** é a entrada líquida ponderada para esse neurónio na mesma iteração.

Este processo é repetido durante um certo número de iterações até que o erro total da rede seja minimizado.

A ABP utiliza o método Steepest Descent (SDM) para atingir um mínimo global. O SDM utiliza o erro na camada de saída da rede para atualizar os pesos da rede de modo a atingir o mínimo da função objetivo, que é definido como o somatório do erro quadrático entre as saídas desejadas e as saídas da rede, conhecido como erro quadrático médio (EQM) [27].

2.6.2. Vantagens do algoritmo de retropropagação:

Utilizámos o BPA neste trabalho de investigação, porque tem as seguintes vantagens [32] :

1. A rede realiza a função mapeada da entrada para a saída e a teoria matemática provou que tem a função de realizar qualquer mapeamento não linear complexo.

2. A rede pode extrair automaticamente as regras de solução "lógica" através do estudo dos exemplos com resultados corretos. Tem a capacidade de auto-estudo;

3. A rede tem as capacidades definidas de promoção e generalização.

2.6.3. Paragem antecipada:

A ABP utiliza as técnicas de paragem antecipada para treinar o conjunto de dados, de tal forma que o conjunto de dados foi separado em três subconjuntos: o primeiro subconjunto é o conjunto de treino (60% dos dados originais), que é utilizado para calcular o gradiente e atualizar os pesos e os enviesamentos da rede. O segundo subconjunto é o conjunto de validação (20% dos dados originais). O erro no conjunto de validação é monitorizado durante o processo de formação. O erro de validação normalmente diminui durante a fase inicial do treinamento, assim como o erro do conjunto de treinamento. Quando o erro de validação deixa de diminuir, o treino é interrompido e os pesos no mínimo do erro de validação são devolvidos. O conjunto de teste (20% dos dados originais) não é utilizado durante o treino, mas é utilizado como um indicador para testar os pesos finais.

Capítulo 3: Implementação de IDS através de RNA

Neste capítulo, descrevemos o conjunto de dados utilizado para treinar e testar as estruturas ANN que implementam os dois sistemas IDS neste trabalho de investigação. De seguida, são realizadas as experiências para a avaliação do desempenho dos sistemas IDS.

3.1. Metodologia:

Neste trabalho de investigação, a Rede Neuronal Artificial (RNA) é utilizada para implementar ambos os tipos de IDS, ou seja, IDS baseados em anomalias e IDS baseados em utilização abusiva, porque a RNA é considerada um método adequado para o problema da deteção e classificação, especialmente quando é difícil definir claramente as regras, como é o caso dos IDS. Neste trabalho, propusemos duas estruturas de RNA para ambos os tipos de IDS, em que a rede neural feed forward (FFNN) e o algoritmo de retropropagação (ABP) são utilizados para efeitos de treino desta RNA. São recolhidos registos aleatórios do conjunto de dados KDD CUP'99 para treinar e testar a RNA.

MATLAB, sigla de MATrix LABoratory, é um ambiente de computação numérica desenvolvido pela MathWorks [16]. O MATLAB permite a manipulação de matrizes, a representação gráfica de funções e dados e a implementação de algoritmos.

A rede neural MATLAB 7.6 é utilizada para a implementação da rede FFNN com BPA. O MATLAB 7.6 Neural Network fornece funções e aplicações para modelar sistemas não lineares complexos que não são facilmente modelados com uma equação de forma fechada. A Caixa de Ferramentas de Redes Neuronais suporta a aprendizagem supervisionada com redes feed forward, de base radial e dinâmicas. Também suporta a aprendizagem não supervisionada com mapas auto-organizáveis e camadas competitivas. Com a caixa de ferramentas de redes neuronais do MATLAB, as RNA podem ser concebidas, treinadas, visualizadas e simuladas [16].

3.2. Descrição do conjunto de dados KDD CUP'99:

A Agência de Projectos de Investigação Avançada no domínio da Defesa (DARPA), o Laboratório de Investigação da Força Aérea (AFRL) e o Laboratório Lincoln do MIT recolheram e distribuíram o conjunto de dados DARPA para a avaliação de sistemas de deteção de intrusões em redes informáticas. O conjunto de dados DARPA é o mais popular utilizado para testar e avaliar um grande número de IDS. O conjunto de dados KDD'99 é um subconjunto do conjunto de dados DARPA preparado por Sal Stolfo e Wenke Lee [1]. O conjunto de dados foi pré-processado através da extração de 41 caraterísticas dos dados tcpdump do conjunto de dados DARPA de 1998. O conjunto de dados do KDD CUP 99 pode ser utilizado sem que seja necessário mais tempo para extrair as informações necessárias e, além disso, pode ser utilizado para comparar diferentes IDS entre si, trabalhando com o mesmo conjunto de dados [22].

O conjunto de dados KDD CUP 99 é constituído por 41 caraterísticas para cada pacote. A fim de utilizar estes registos para a RNA, o conjunto de dados foi pré-processado para conter apenas valores numéricos, mas não valores de cadeia de caracteres, como o tipo de protocolo, em que cada nome de protocolo foi substituído por um determinado número, sendo os números utilizados 0 para tcp, 1 para udp e 2 para icmp, enquanto os outros valores de cadeia de caracteres foram convertidos para o seu número de código ASCII (ver apêndice A).

A figura 3.1 dá um exemplo de dados originais antes do processamento, como se mostra a seguir:

```
0,tcp,http,SF,181,5450,0,0,0,0,0,1,0,0,0,0,0,0,0,0,0,8,8,0.00,0.00,0.00,0.00,1.00,0.0
0,0.00,9,9,1.00,0.00,0.11,0.00,0.00,0.00,0.00,0.00,normal.
0,udp,private,SF,105,146,0,0,0,0,0,0,0,0,0,0,0,0,0,0,0,2,2,0.00,0.00,0.00,0.00,1.00,0
.00,0.00,255,254,1.00,0.01,0.00,0.00,0.00,0.00,0.00,0.00,snmpgetattack.
```

Figura 3.1: Dois registos do conjunto de dados original

A figura 3.2 ilustra estes dois registos após o processamento:

```
0,0,448,153,181,5450,0,0,0,0,0,1,0,0,0,0,0,0,0,0,0,8,8,0.00,0.00,0.00,0.00,1.00,0.00,
0.00,9,9,1.00,0.00,0.11,0.00,0.00,0.00,0.00,0.00,normal.
0,1,763,153,105,146,0,0,0,0,0,0,0,0,0,0,0,0,0,0,0,2,2,0.00,0.00,0.00,0.00,1.00,0.00,0
.00,255,254,1.00,0.01,0.00,0.00,0.00,0.00,0.00,0.00,snmpgetattack.
```

Figura 3.2: Dois registos processados do conjunto de dados

O último campo mantém-se inalterado porque representa o alvo que tem uma forma especial de o tratar, de acordo com o tipo de IDS.

A Tabela 3.1 apresenta a descrição de todas as caraterísticas do conjunto de dados KDD CUP' 99 [13, 8]:

Tabela 3.1: Descrição das caraterísticas do conjunto de dados KDD CUP 1999

Feature Number	Feature Name	Feature Description
1	Duration	length (number of seconds) of the connection
2	protocol_type	type of the protocol, e.g. tcp, udp, etc.
3	Service	network service on the destination, e.g., http, telnet, etc.
4	Flag	normal or error status of the connection
5	src_bytes	number of data bytes from source to destination

6	dst_bytes	number of data bytes from destination to source
7	Land	1 if connection is from/to the same host/port; 0 otherwise
8	wrong_fragment	number of ``wrong" fragments
9	Urgent	number of urgent packets
10	Hot	number of ``hot" indicators
11	num_failed_logins	number of failed login attempts
12	logged_in	1 if successfully logged in; 0 otherwise
13	num_compromised	number of ``compromised" conditions
14	root_shell	1 if root shell is obtained; 0 otherwise
15	su_attempted	1 if ``su root" command attempted; 0 otherwise
16	num_root	number of ``root" accesses
17	num_file_creations	number of file creation operations
18	num_shells	number of shell prompts
19	num_access_files	number of operations on access control files
20	num_outbound_cmds	number of outbound commands in an ftp session
21	is_hot_login	1 if the login belongs to the ``hot" list; 0 otherwise
22	is_guest_login	1 if the login is a ``guest" login; 0 otherwise
23	Count	number of connections to the same host as the current connection in the past two seconds
24	srv_count	number of connections to the same service as the current connection in the past two seconds
25	serror_rate	% of connections that have ``SYN" errors
26	srv_serror_rate	% of connections that have ``SYN" errors
27	rerror_rate	% of connections that have ``REJ"

		errors .
28	srv_rerror_rate	% of connections that have ``REJ" errors.
29	same_srv_rate	% of connections to the same service.
30	diff_srv_rate	% of connections to different services .
31	srv_diff_host_rate	% of connections to different hosts.
32	dst_host_count	count of connections having the same destination host.
33	dst_host_srv_count	count of connections having the same destination host and using the same service.
34	dst_host_same_srv_rate	% of connections having the same destination host and using the same service.
35	dst_host_diff_srv_rate	% of different services on the current host.
36	dst_host_same_src_port_rate	% of connections to the current host having the same src port
37	dst_host_srv_diff_host_rate	% of connections to the same service coming from different hosts
38	dst_host_serror_rate	% of connections to the current host that have an S0 error
39	dst_host_srv_serror_rate	% of connections to the current host and specified service that have an S0 error
40	dst_host_rerror_rate	% of connections to the current host that have an RST error
41	dst_host_srv_rerror_rate	% of connections to the current host and specified service that have an RST error

O conjunto de dados da KDD Cup 1999 consiste em registos normais e de vários ataques, sendo os ataques classificados com base nos objectivos e acções do atacante, de acordo com os quais o tipo de ataque se enquadra numa das quatro categorias principais seguintes:

- **Denials-of-Service (DoS)**: os ataques têm como objetivo limitar ou negar os serviços prestados aos utilizadores legítimos. O atacante tenta enviar alguns pacotes maliciosos (tcp, udp ou icmp) para encher a memória ou manter o recurso computacional muito ocupado. Os ataques utilizados foram o Smurf, o Teardrop, o Neptune (SYN flood), o Land and Back.

- **Sondagem ou vigilância:** os ataques têm como objetivo obter conhecimento da existência ou configuração de um sistema ou rede de computadores [22]. Os ataques utilizados foram IP sweep, Mscan, Port sweep e Satan.

- **User-to-Root (U2R)**: os ataques têm como objetivo obter acesso de root ou de super-utilizador num determinado computador ou sistema em que o atacante já tinha acesso ao nível de utilizador. Os ataques utilizados foram o Buffer overflow e o Xterm.

- **Remote-to-Local (R2L)**: ataque em que o atacante, que não tem qualquer conta na máquina-alvo, tenta obter acesso a essa máquina explorando as vulnerabilidades da mesma. Os ataques utilizados foram o Warezmaster, o Warezclient, o Xclock, o Guess_password, o Snmpgetattack e o Snmpguess.

3.3. Experimentação:

A RNA foi utilizada para ambos os algoritmos IDS porque a rede neural é um método adequado para o problema da deteção e classificação, especialmente quando é difícil definir claramente as regras, como é o caso da deteção de utilizações indevidas ou de anomalias. Utiliza-se a rede neural feed forward (FFNN), em que os neurónios de cada camada estão ligados aos neurónios da camada seguinte. O algoritmo de retropropagação (Back Propagation Algorithm - BPA) é utilizado para treinar a rede neural FFNN, ou seja, a aprendizagem supervisionada.

O MATLAB 7.6 Neural Network é utilizado para a implementação da rede FFNN com BPA, uma vez que suporta uma grande biblioteca utilizada para as RNA para criar essa rede e definir especificações como o número de camadas, o número de neurónios em cada camada e as funções de ativação dos neurónios para cada camada.

Ambos os sistemas de deteção de intrusão são implementados através das seguintes etapas:

- Selecionar os conjuntos de dados de treino e de teste como uma coleção de registos aleatórios do conjunto de dados KDD CUP'99 com 41 atributos por registo. Para garantir a heterogeneidade dos dados, estes são recolhidos aleatoriamente a partir de dois ficheiros, nomeadamente 10% KDD e corrigidos.

- Pré-processar o conjunto de dados, a fim de o utilizar com a RNA, de modo a que todos os registos contenham apenas valores numéricos.

- Criar redes FFNN para 2 camadas, 3 camadas e 4 camadas com o número ótimo de neurónios para cada camada oculta.

- Treinar a rede com o conjunto de dados selecionado utilizando a ABP.

\- Testar a rede com os ataques para os quais a RNA foi treinada para os detetar.

\- Testar a rede com novos ataques para os quais a RNA não foi treinada para os detetar.

Estes passos são ilustrados na figura seguinte:

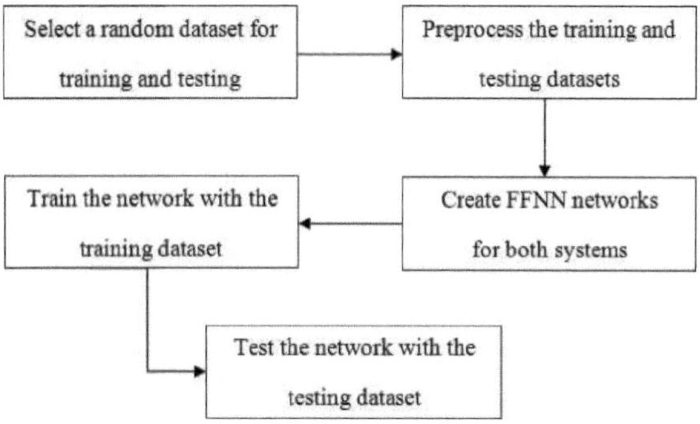

Figura 3.3: Passos para a implementação de IDS por RNA

Os registos selecionados utilizados para treinar e testar a FFNN para ambos os sistemas IDS contêm os seguintes dados, conforme ilustrado na Tabela 3.2.

Quadro 3.2 : Conjunto de dados utilizado

Ataque Classe principal	**Subclasse**	**Registos do conjunto de dados de treino N.º.**	**Registos do conjunto de dados de ensaio N.º.**
Normal	-	1092	146
Recusas de serviço	Estrunfe	282	50
	Lágrima	68	33
	Neptuno	69	22
	Terreno	16	13
	Voltar	35	25
Sondagem	Varrimento de IP	37	18
	Mscan	45	22
	Varrimento do porto	29	17
	Satanás	145	42
Utilizador para raiz	Estouro da memória	14	6

	intermédia		
Remoto -para -Local	Warezmaster	40	12
	Warezclient	16	12
	Snmpgetattack	109	35
	Adivinhar a palavra-passe	98	21
Total	15	2095	474

3.3.1. Medida de desempenho:

O estudo do desempenho dos sistemas IDS será afetado principalmente pela taxa de classificação global e pela percentagem de erro. Para calcular a taxa de classificação, é utilizada a seguinte fórmula [14]:

$$\text{Overall Classification Rate}=\frac{TP+TN}{TP+FP+TN+FN}=\frac{No.CorrectClassification}{No.AllClassifications}$$

Onde:

- **TP (True Positive)**: classificação de uma atividade de intrusão como uma intrusão. A taxa de verdadeiros positivos é sinónimo de **taxa de deteção**, **sensibilidade** e **recordação**.
- **FP (Falso positivo)**: classificação incorrecta de uma atividade normal como uma intrusão. Também conhecido como **falso alarme** ou **erro de falso positivo (FPE).**
- **TN (True Negative)**: classificação correta da atividade normal como normal. A taxa de verdadeiros negativos é também designada **por especificidade**.
- **FN (Falso Negativo)**: classificação incorrecta de uma atividade de intrusão como normal. Também conhecido como **erro de falso negativo (FNE).**

As experiências foram realizadas utilizando 2095 registos de um conjunto de dados selecionado do KDD CUP'99 com 41 atributos por registo. Estes registos são constituídos por registos normais e diferentes tipos de registos de ataques, como se descreve no quadro 3.2. Os 41 atributos do conjunto de dados selecionado são introduzidos na rede FFNN criada para ambos os tipos de IDS, ou seja, IDS baseados em anomalias e IDS baseados em utilização abusiva, de modo a que a camada de entrada seja constituída por 41 neurónios.

3.3.2. Estrutura da RNA:

O número de neurónios na camada de saída da RNA é igual ao número de alvos para um determinado algoritmo de IDS. Por conseguinte, o IDS baseado em anomalias tem 2 neurónios na camada de saída para representar o tráfego normal e o tráfego de ataque, e o IDS baseado em utilização abusiva tem 15 neurónios na camada de saída para detetar o tráfego normal e outros 14 tipos de ataque diferentes, ilustrados na Tabela 3.2. Para esse efeito, foram utilizadas duas estruturas FFNN diferentes: a estrutura baseada em anomalias, que tem um número reduzido de neurónios por camada oculta para representar o IDS baseado em anomalias, porque tem apenas dois alvos na camada de saída, e a estrutura baseada em utilização abusiva, que tem um número mais elevado de neurónios por camada oculta para representar o IDS baseado em utilização abusiva, devido ao facto de ter muitos alvos na camada de saída.

Foram utilizados diferentes números de camadas ocultas para aumentar a taxa de classificação do sistema, uma vez que o aumento do número de camadas ocultas aumenta a eficiência do sistema [18,5].

Em primeiro lugar, é utilizada a rede FFNN, que consiste em 2 camadas, uma camada oculta e uma camada de saída, como se mostra na Figura 3.4 (a camada de entrada não é contabilizada porque actua apenas como um tampão e não tem lugar qualquer processamento) [18].

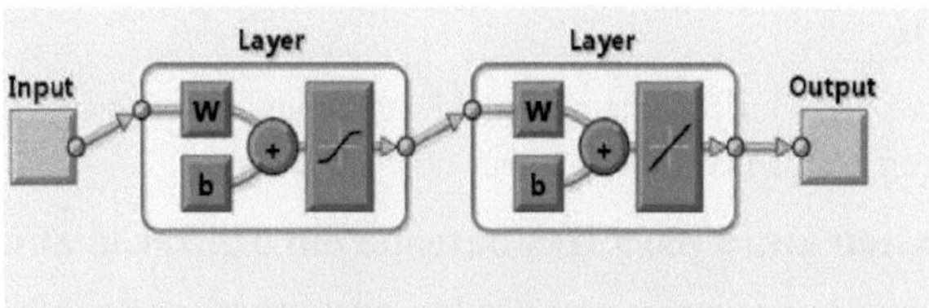

Figura 3.4: RNA de 2 camadas

A fim de aumentar a eficiência da FFNN, foi adicionada outra camada oculta à rede, de modo que esta passou a ter 3 camadas (duas camadas ocultas e uma camada de saída), como mostra a Figura 3.5:

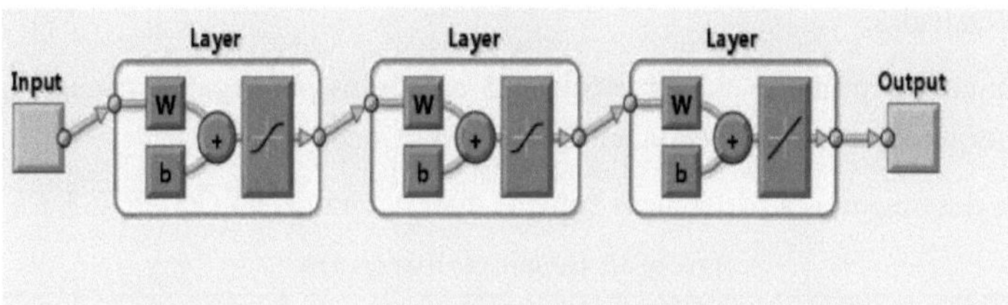

Figura 3.5: RNA de 3 camadas

É acrescentada outra camada oculta à rede, de modo que esta passa a ter 4 camadas (três camadas ocultas e uma camada de saída), como mostra a Figura 3.6 :

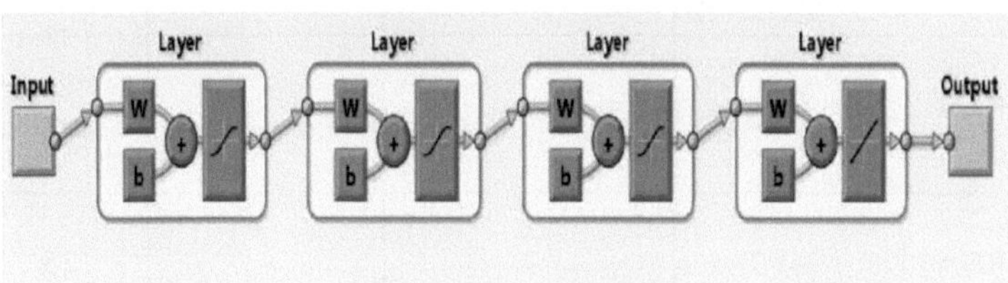

Figura 3.6: RNA de 4 camadas

As duas estruturas FFNN foram utilizadas com 2, 3 e 4 camadas, conforme descrito nas linhas seguintes.

3.4. Estruturas óptimas de RNA:

Foram utilizadas duas estruturas devido à natureza diferente de ambos os tipos de IDS, de modo que uma estrutura foi utilizada para representar os IDS baseados em anomalias e a outra estrutura foi utilizada para representar os IDS baseados em utilizações indevidas, como se descreve a seguir:

3.4.1 Primeira estrutura para IDS baseado em anomalias:

É utilizada para representar IDS baseados em anomalias, uma vez que tem apenas dois alvos na camada de saída:

- 35 neurónios para a camada oculta na FFNN de 2 camadas.
- 20 neurónios por primeira camada oculta e 15 neurónios para a segunda camada oculta na FFNN de 3 camadas.
- 20 neurónios por primeira camada oculta, 15 neurónios por segunda camada oculta e 5 neurónios por terceira camada oculta na FFNN de 4 camadas.

3.4.2 Segunda estrutura para IDS baseada em utilização abusiva:

Esta estrutura é utilizada para representar IDS baseados em utilização abusiva, uma vez que tem quinze objectivos na camada de saída:

- 41 neurónios para a camada oculta na FFNN de 2 camadas.
- 35 neurónios por primeira camada oculta e 25 neurónios para a segunda camada oculta na FFNN de 3 camadas.
- 30 neurónios por primeira camada oculta, 25 neurónios por segunda camada oculta e 20 neurónios por terceira camada oculta na FFNN de 4 camadas.

Além disso, descrevemos as diferenças entre as duas estruturas no Quadro 3.3.

Quadro 3.3: Comparação das estruturas

Tipo de estrutura	N.º de neurónios por primeira camada oculta	N.º de neurónios por segundo Camada oculta	N.º de neurónios por terceira camada oculta	N.º de neurónios por camada de saída	**Total**
Primeira estrutura: RNA de 2 camadas	35	-	-	2	**37**
Segunda estrutura: RNA de 2 camadas	41	-	-	15	**56**

Primeira estrutura: RNA de 3 camadas	20	15	-	2	**37**
Segunda estrutura: RNA de 3 camadas	35	25	-	15	**75**
Primeira estrutura: RNA de 4 camadas	20	15	5	2	**42**
Segunda estrutura: RNA de 4 camadas	30	25	20	15	**90**

Neste trabalho de investigação, as experiências são realizadas em três fases para ambos os sistemas IDS em consideração, como se segue:

Fase 1: Treinar a rede ANN com ataques normais e conhecidos para ambos os tipos de IDS, ou seja, IDS baseado em anomalias e IDS baseado em utilização abusiva.

Segunda fase: Testar a rede ANN com ataques normais e conhecidos para ambos os tipos de IDS, ou seja, IDS baseados em anomalias e IDS baseados em utilização abusiva.

Terceira fase: Testar a rede ANN com dados mistos de ataques normais, conhecidos e desconhecidos, tanto para os sistemas IDS baseados em anomalias como para os sistemas IDS baseados em utilização abusiva.

As métricas acima mencionadas serão consideradas para avaliar o desempenho destes sistemas IDS.

3.5. Primeira fase: Treinar a rede ANN:

Depois de criar a FFNN para os dois tipos de IDS, ou seja, para as duas estruturas, tem lugar a fase de treino. O erro quadrático médio (MSE) é utilizado com a ABP para medir o desempenho da rede, pelo que valores baixos de MSE significam um desempenho elevado da RNA.

A camada oculta utiliza a função de transferência tan-sigmoid para transformar a entrada, que pode ter qualquer valor entre mais e menos infinito, num valor razoável no intervalo entre -1 e +1 [20].

Enquanto a camada de saída utiliza a função linear para cobrir uma vasta área, a camada de saída linear permite que a rede produza valores fora do intervalo -1 a +1 [20].

3.5.1. Formação de estruturas com base em anomalias:

Inicialmente, é utilizada uma estrutura FFNN com 2 camadas FFNN (para representar um IDS baseado em anomalias), como se mostra na figura 3.3. Esta estrutura é treinada até que apareça um resultado suficiente que diminua o MSE e o FNE e aumente a taxa de classificação e a taxa de deteção do sistema. Em seguida, treina-se a FFNN de 3 camadas, como mostra a figura 3.4, para obter resultados suficientes e, finalmente, treina-se a FFNN de 4 camadas também para obter resultados suficientes.

3.5.2. Formação em estruturas baseadas na utilização abusiva:

Em segundo lugar, é utilizada a estrutura baseada na utilização incorrecta com 2 camadas FFNN (para representar o IDS baseado na utilização incorrecta), como se mostra na figura 3.3. Esta estrutura FFNN é treinada até que apareça um resultado suficiente que diminua o MSE e o FNE e aumente a taxa de classificação e a taxa de deteção do sistema. De seguida, treina-se a FFNN de 3 camadas, como se mostra na figura 3.4, para obter resultados suficientes e, finalmente, treina-se a FFNN de 4 camadas, como se mostra na figura 3.5, também para obter resultados suficientes.

Para efeitos de comparação, os dois tipos de IDS foram implementados com as duas estruturas.

3.6. Segunda fase: testar a rede ANN com ataques conhecidos:

A fim de testar a capacidade da rede FFNN para detetar tráfego normal e ataques conhecidos, é utilizado um novo conjunto de dados. Este conjunto de dados é constituído por dados mistos que contêm 474 registos de registos normais e ataques conhecidos (ataques para os quais a RNA foi treinada para os detetar).

3.6.1. Testes de estrutura baseados em anomalias:

Em primeiro lugar, a rede FFNN com 2 camadas, uma camada oculta e uma camada de saída é testada para a estrutura IDS baseada em anomalias . Esta rede já foi treinada como na fase um acima, depois a rede é testada com o novo conjunto de dados de teste e, finalmente, os resultados são recolhidos. Do mesmo modo, os mesmos passos são repetidos para a rede FFNN com 3 camadas e 4 camadas, respetivamente.

3.6.2. Testes de estrutura baseados na utilização abusiva:

Em segundo lugar, a rede FFNN com 2 camadas, uma camada oculta e uma camada de saída, é testada para a estrutura IDS baseada na utilização incorrecta. Esta rede já foi treinada como na fase um acima, depois a rede é testada com o novo conjunto de dados de teste e, finalmente, os resultados são recolhidos. Do mesmo modo, os mesmos passos são repetidos para a rede FFNN com 3 camadas e 4 camadas, respetivamente.

Para efeitos de comparação, os dois tipos de IDS foram testados com as duas estruturas.

3.7. Terceira fase: testar a rede ANN com dados mistos :

A fim de testar a capacidade do IDS baseado em anomalias para detetar ataques novos ou recentes, é utilizado um novo conjunto de dados. Este conjunto de dados consiste em dados mistos que contêm 496 registos de registos normais e ataques conhecidos (ataques utilizados para treino) e três novos tipos de ataques (xlock , xterm e Snmpguess) que as nossas redes

FFNN não estão treinadas para detetar. Estes registos são descritos na tabela seguinte:

Quadro 3.4: Conjunto de dados misto

Ataque Classe principal	Subclasse	Ataque de ensaio N.º.
Normal	-	146
Recusas de serviço	Estrunfe	50
	Gota de lágrima	33
	Neptuno	22
	Terreno	13
	Voltar	25
Sondagem	Varrimento de IP	18
	Mscan	22
	Varrimento do porto	17
	Satanás	42
Utilizador para raiz	Estouro da memória intermédia	6
	xterm	4
Remoto -para -Local	Warezmaster	12
	xlock	10
	Snmpguess	8
	Warezclient	12
	Snmpgetattack	35
	Adivinhar a palavra-passe	21
Total	18	496

3.7.1. Teste de novos ataques com base numa estrutura de anomalias:

Em primeiro lugar, a rede FFNN com 2 camadas é testada com o novo conjunto de dados mistos para a estrutura baseada em anomalias. Por fim, os resultados são recolhidos. Do mesmo modo, os mesmos passos são repetidos com a rede FFNN para 3 e 4 camadas.

3.7.2. Utilização abusiva - estrutura baseada em testes de novos ataques:

Em segundo lugar, a rede FFNN com 2 camadas é testada com o novo conjunto de dados mistos para a estrutura baseada na utilização incorrecta. Por fim, os resultados são recolhidos. Do mesmo modo, os mesmos passos são repetidos com a rede FFNN para 3 e 4 camadas.

Para efeitos de comparação, os dois tipos de IDS foram testados com dados mistos para as duas estruturas.

Capítulo 4: Resultados experimentais e discussão

Depois de aplicar as estruturas ANN aos tipos de IDS baseados em anomalias e em utilizações indevidas, os resultados são recolhidos e ilustrados nas secções seguintes. Além disso, é efectuada uma comparação de desempenho entre os dois sistemas IDS com base nos resultados obtidos.

4.1. Resultados da primeira fase de formação da estrutura:

Os resultados do IDS baseado em anomalias e do IDS baseado em utilizações indevidas para a primeira estrutura foram recolhidos durante a fase de formação, como se indica a seguir:

4.1.1. Resultados de IDS baseados em anomalias:

Esta fase visa treinar a RNA com diferentes números de camadas ocultas que representam o IDS baseado em anomalias para detetar registos normais ou registos de ataques.

A primeira RNA de 2 camadas é treinada utilizando 2095 registos e os resultados da classificação são obtidos como se mostra na Tabela 4.1 abaixo:

Tabela 4.1: classificação do IDS baseado em anomalias de 2 camadas para a fase de treino

Tipo de registo	N.º total testado	Número classificado.	N.º classificado incorretamente
Normal	1092	1024	68
Ataque	1003	993	10

O número de registos corretamente classificados é superior ao número de registos mal classificados e o número de registos de ataques mal classificados é inferior ao número de registos normais mal classificados, o que significa que o FNE é inferior ao FPE, o que é considerado um bom indicador para a nossa rede ANN, uma vez que o FNE tem um grande impacto em comparação com o FPE numa determinada organização [2].

Em seguida, a RNA de 3 camadas é treinada e os resultados da classificação são recolhidos como se mostra na Tabela 4.2 abaixo:

Tabela 4.2: classificação para IDS baseado em anomalias de 3 camadas para a fase de treino

Tipo de registo	N.º total testado	Número classificado.	N.º classificado incorretamente
Normal	1092	1024	68
Ataque	1003	998	5

A partir do quadro 4.2, é evidente que o número de registos de ataques mal classificados diminuiu para metade em comparação com os resultados da classificação anterior (ANN de 2 camadas), o que significa que o FNE continua a diminuir, o que é um dos objectivos dos IDS.

Após o bom efeito da adição de uma nova camada oculta à rede RNA, foi adicionada outra camada oculta e, em seguida, a RNA com 4 camadas foi treinada e os resultados da classificação são recolhidos como se mostra na Tabela 4.3.

Tabela 4.3: classificação para IDS baseado em anomalias de 4 camadas para a fase de treino

Tipo de registo	N.º total testado	Número classificado.	N.º classificado incorretamente
Normal	1092	1028	64
Ataque	1003	999	4

Este resultado confirma que a RNA de 4 camadas dá o melhor resultado, uma vez que o número de registos de ataque mal classificados e de registos normais mal classificados diminui.

4.1.2. Resultados de IDS baseados em uso indevido:

Esta fase tem por objetivo treinar a RNA com diferentes números de camadas ocultas que representam o IDS baseado na utilização abusiva para detetar determinados tipos de ataques para além dos registos normais.

Os seguintes resultados de classificação são recolhidos após a utilização da RNA de 2 camadas para 2095 registos, como mostra a Tabela 4.4 abaixo.

Tabela 4.4: classificação da RNA de 2 camadas para IDS baseado em utilização abusiva para a fase de treino

Tipo de registo	N.º total testado	Número classificado.	N.º classificado incorretamente
Normal	1092	1026	66
Estrunfe	282	282	0
Lágrima	68	68	0
Neptuno	69	69	0
Terreno	16	15	1
Voltar	35	35	0
Varrimento de IP	37	37	0
Mscan	45	41	4
Varrimento do porto	29	27	2
Satanás	145	141	4
Estouro da memória intermédia	14	8	6
Warezmaster	40	38	2
Warezclient	16	10	6

Snmpgetattack	109	107	2
Adivinhar a palavra-passe	98	97	1
Total	**2095**	**2001**	**94**

A maioria dos ataques está bem classificada, pelo que o número de registos corretamente classificados é superior ao número de registos mal classificados e o número de ataques mal classificados é inferior ao número de registos normais mal classificados.

Em seguida, treinamos RNA de 3 camadas para IDS baseado em utilização indevida, aplicando o mesmo conjunto de dados. Os resultados da classificação são recolhidos como se mostra na Tabela 4.5 abaixo.

Tabela 4.5: classificação da RNA de 3 camadas para IDS baseado em utilização abusiva para a fase de treino

Tipo de registo	N.º total testado	Número classificado.	N.º classificado incorretamente
Normal	1092	1040	52
Estrunfe	282	281	1
Gota de lágrima	68	67	1
Neptuno	69	69	0
Terreno	16	14	2
Voltar	35	33	2
Varrimento de IP	37	37	0
Mscan	45	45	0
Varrimento do porto	29	28	1
Satanás	145	143	2
Estouro da memória intermédia	14	14	0
Warezmaster	40	38	2
Warezclient	16	16	0
Snmpgetattack	109	88	21
Adivinhar a palavra-passe	98	97	1
Total	**2095**	**2010**	**85**

O número de registos corretamente classificados é superior ao número de registos mal classificados, para além de que o número classificado de alguns ataques aumenta significativamente em comparação com os resultados obtidos para a RNA de 2 camadas, especialmente para o Buffer overflow e o Warezclient.

Finalmente, a RNA de 4 camadas para IDS baseado em utilização abusiva é treinada utilizando o mesmo conjunto de dados. Os resultados da classificação são recolhidos como se mostra na Tabela 4.6.

Tabela 4.6: classificação da RNA de 4 camadas para IDS baseado em utilização abusiva para a fase de treino

Tipo de registo	N.º total testado	Número classificado.	N.º classificado incorretamente
Normal	1092	1024	68
Estrunfe	282	282	0
Gota de lágrima	68	68	0
Neptuno	69	69	0
Terreno	16	16	0
Voltar	35	35	0
Varrimento de IP	37	36	1
Mscan	45	45	0
Varrimento do porto	29	29	0
Satanás	145	143	2
Estouro da memória intermédia	14	9	5
Warezmaster	40	40	0
Warezclient	16	10	6
Snmpgetattack	109	107	2
Adivinhar a palavra-passe	98	98	0
Total	**2094**	**2011**	**84**

A maioria dos ataques está completamente classificada e os outros ataques têm um pequeno número de erros de classificação. Além disso, o número de registos de ataques mal classificados é inferior ao número de registos normais mal classificados.

O efeito da utilização de diferentes números de camadas ocultas na taxa de classificação global é descrito na figura 4.1. A taxa de classificação global é recolhida para ambos os sistemas IDS, ou seja, baseado em anomalias e baseado em utilização abusiva, de acordo com diferentes números de camadas ocultas.

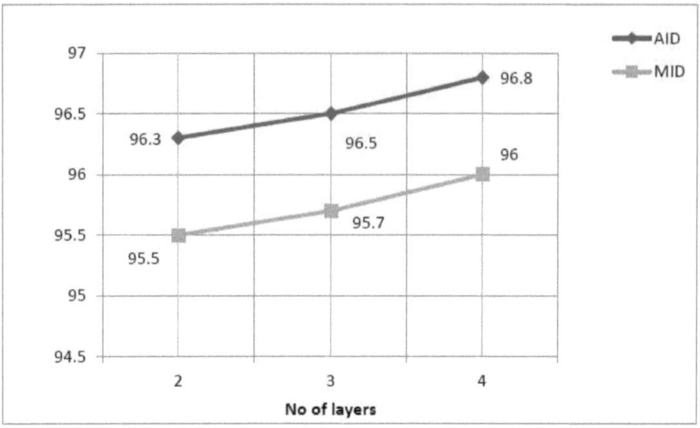

Figura 4.1: Taxa de classificação para ambos os sistemas durante o treino da primeira estrutura

A partir da figura acima, é óbvio que a taxa de classificação de ambos os sistemas aumenta à medida que o número de camadas ocultas aumenta. A taxa de classificação mais elevada é de 96,8% em comparação com o resultado de trabalhos anteriores, ou seja, 86% em [30] e 88% em [14]. Além disso, a figura 4.1 mostra que o AID (sistema de deteção de intrusões baseado em anomalias) tem um desempenho melhor do que o MID (sistema de deteção de intrusões baseado em abusos).

A taxa de deteção (o número de ataques corretamente classificados) também é recolhida para a utilização de diferentes números de camadas ocultas, como se mostra na figura 4.2.

A partir da figura 4.2, é evidente que a taxa de deteção de ambos os sistemas aumenta à medida que o número de camadas ocultas aumenta. A figura mostra que a taxa de deteção do sistema AID é superior à do sistema MID.

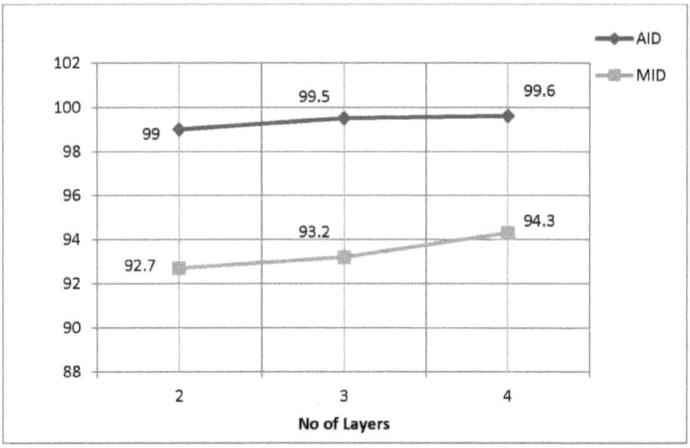

Figura 4.2: Taxa de deteção para ambos os sistemas durante o treino para a primeira estrutura

Por último, o FNE é ilustrado para a utilização de diferentes números de camadas ocultas para ambos os tipos de IDS, como se mostra na figura 4.3:

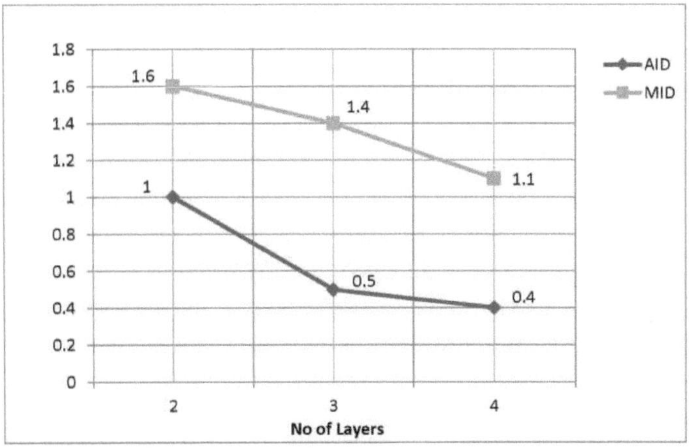

Figura 4.3 : FNE para ambos os sistemas durante o treino da primeira estrutura

A Figura 4.3 mostra que o erro de falsos negativos diminui com o aumento do número de camadas da RNA. A figura acima mostra que o sistema AID é superior ao sistema MID no que respeita ao erro de falsos negativos.

Por conseguinte, de todos os resultados acima referidos, é evidente que o IDS baseado em anomalias tem um melhor desempenho do que o IDS baseado em utilizações incorrectas no que diz respeito às seguintes métricas: FNE, taxa de classificação e taxa de deteção.

4.2. Primeira fase de teste de estrutura com resultados de ataques conhecidos:

Para ambos os sistemas IDS, a fase de teste testa a capacidade da RNA para classificar os ataques para os quais a RNA foi treinada para os detetar.

4.2.1. Resultados de IDS baseados em anomalias:

Os resultados seguintes são obtidos após testar a RNA de 2 camadas utilizando 474 registos, como mostra a Tabela 4.7:

Tabela 4.7: classificação de 2 camadas para IDS baseado em anomalias para a fase de teste com ataques conhecidos

Tipo de registo	N.º total testado	Número classificado.	N.º classificado incorretamente
Normal	146	126	20
Ataque	328	320	8

Este resultado confirma a capacidade da RNA para classificar bem os registos normais e de ataque, uma vez que o número de registos corretamente classificados é superior ao número de registos mal classificados e o número de registos de ataque mal classificados é inferior ao número de registos normais mal classificados, ou seja, o FNE é inferior ao FPE.

Depois de testar a RNA de 3 camadas para os mesmos 474 registos, obtivemos os seguintes resultados, apresentados na Tabela 4.8:

Tabela 4.8: classificação de 3 camadas para IDS baseado em anomalias para a fase de teste com ataques conhecidos

Tipo de registo	N.º total testado	Número classificado.	N.º classificado incorretamente
Normal	146	126	20
Ataque	328	324	4

Este resultado confirma que o FNE continua a diminuir, uma vez que o número de registos de ataques mal classificados foi reduzido para metade em comparação com os resultados anteriores (RNA de 2 camadas). Por último, os resultados do teste da RNA de 4 camadas, utilizando os mesmos 474 registos:

Tabela 4.9: classificação de 4 camadas para IDS baseado em anomalias para a fase de teste com ataques conhecidos

Tipo de registo	N.º total testado	Número classificado.	N.º classificado incorretamente
Normal	146	127	19
Ataque	328	325	3

Este resultado confirma que a RNA de 4 camadas dá o melhor resultado, uma vez que o número de registos de ataque mal classificados e de registos normais mal classificados diminui.

4.2.2. Resultados dos IDS baseados na utilização abusiva:

Os resultados seguintes aparecem depois de testar a RNA de 2 camadas utilizando 474 registos, como mostra a Tabela 4.10:

Tabela 4.10: Classificação dos IDS baseados em utilização abusiva de 2 camadas para a fase de teste com ataques conhecidos

Tipo de registo	N.º total testado	Número classificado.	N.º classificado incorretamente
Normal	146	126	20
Estrunfe	50	50	0
Gota de lágrima	33	33	0
Neptuno	22	22	0
Terreno	13	12	1
Voltar	25	25	0

Varrimento de IP	18	18	0
Mscan	22	20	2
Varrimento do porto	17	15	2
Satanás	42	40	2
Estouro da memória intermédia	6	2	4
Warezmaster	12	11	1
Warezclient	12	6	6
Snmpgetattack	35	34	1
Adivinhar a palavra-passe	21	21	0
Total	**474**	**435**	**39**

É óbvio que o número de registos mal classificados é inferior ao número de registos classificados. Por conseguinte, este resultado confirma que a nossa RNA é capaz de classificar bem os registos normais e de ataque.

Em seguida, testamos a RNA de 3 camadas utilizando os mesmos 474 registos, obtendo os seguintes resultados apresentados na Tabela 4.11:

Tabela 4.11: Classificação dos IDS baseados em utilização abusiva de 3 camadas para a fase de teste com ataques conhecidos

Tipo de registo	N.º total testado	Número classificado.	N.º classificado incorretamente
Normal	146	125	21
Estrunfe	50	50	0
Lágrima	33	33	0
Neptuno	22	22	0
Terreno	13	13	0
Voltar	25	25	0
Varrimento de IP	18	18	0
Mscan	22	22	0
Varrimento do porto	17	17	0
Satanás	42	41	1
Estouro da memória intermédia	6	3	3

Warezmaster	12	12	0
Warezclient	12	6	6
Snmpgetattack	35	34	1
Adivinhar a palavra-passe	21	21	0
Total	**474**	**442**	**32**

É óbvio que o número de registos mal classificados é inferior ao número de registos classificados. Os registos mal classificados desta RNA de 3 camadas são inferiores aos da RNA anterior de 2 camadas.

Finalmente, repetimos o teste da RNA de 4 camadas utilizando os mesmos 474 registos, obtendo os seguintes resultados apresentados na Tabela 4.12:

Tabela 4.12: classificação para IDS baseado em uso indevido de 4 camadas para a fase de teste com ataques conhecidos

Tipo de registo	**N.º total testado**	**Número classificado.**	**N.º classificado incorretamente**
Normal	146	133	13
Estrunfe	50	50	0
Lágrima	33	33	0
Neptuno	22	22	0
Terreno	13	11	2
Voltar	25	24	1
Varrimento de IP	18	18	0
Mscan	22	22	0
Varrimento do porto	17	16	1
Satanás	42	41	1
Estouro da memória intermédia	6	6	0
Warezmaster	12	12	0
Warezclient	12	12	0
Snmpgetattack	35	23	12
Adivinhar a palavra-passe	21	21	0
Total	**474**	**444**	**30**

Este resultado confirma que a RNA de 4 camadas dá o melhor resultado, uma vez que tem o menor número de registos mal classificados em comparação com as redes RNA anteriores de 2 e 3 camadas.

A taxa de classificação global de ambos os sistemas durante a fase de teste é apresentada em função do número de camadas na figura 4.4:

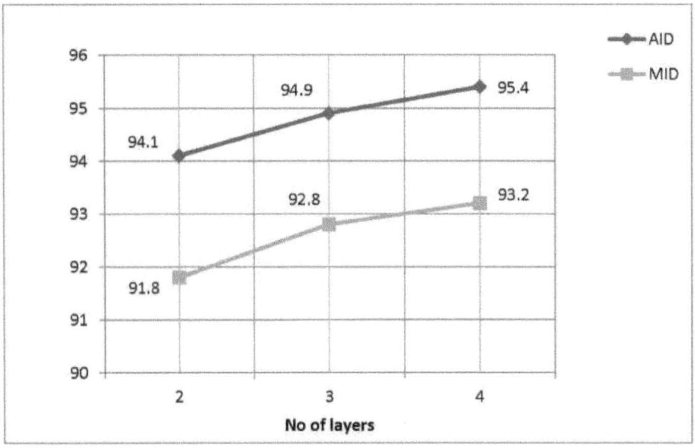

Figura 4.4: Taxa de classificação durante o teste de ataques conhecidos para a primeira estrutura

O teste das redes neuronais mostra que a taxa de classificação do AID é superior à taxa de classificação do MID, uma vez que o primeiro obtém uma taxa de classificação de 95,4 %, enquanto o segundo obtém uma taxa de classificação de 93,2 % utilizando o mesmo conjunto de dados e ambos os sistemas obtêm o valor mais elevado na quarta camada.

A taxa de deteção de ambos os sistemas durante a fase de teste é ilustrada em função do número de camadas, como mostra a figura 4.5.

Os resultados dos testes das redes neuronais na figura 4.5 mostram que a taxa de deteção da AID é superior à taxa de deteção da MID, uma vez que a primeira obtém uma taxa de deteção de 99,1%, enquanto a segunda obtém uma taxa de deteção de 92% utilizando o mesmo conjunto de dados, e ambos os sistemas obtêm o valor mais elevado na quarta camada.

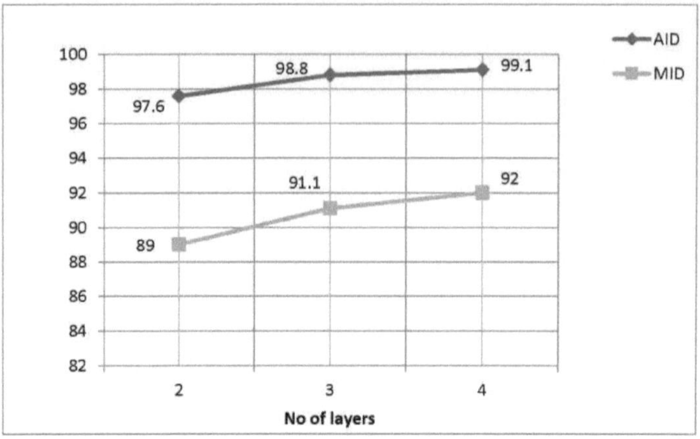

Figura 4.5: Taxa de deteção durante o teste de ataques conhecidos para a primeira estrutura

O FNE de ambos os sistemas durante a fase de teste é ilustrado em função do número de camadas, como mostra a figura 4.6:

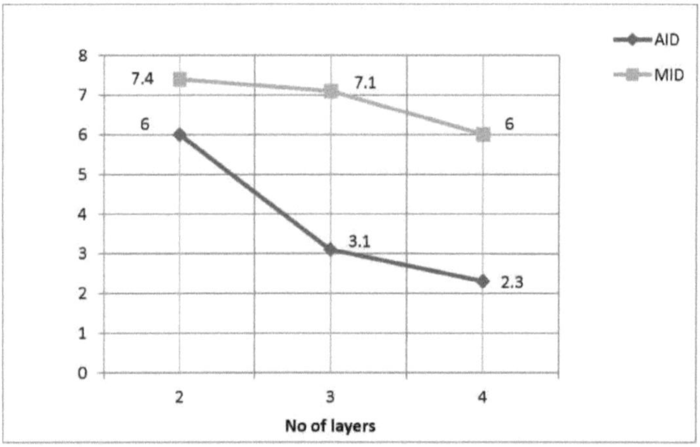

Figura 4.6 : FNE durante o teste de ataques conhecidos para a primeira estrutura

A Figura 4.6 mostra que o erro falso negativo diminui com o aumento do número de camadas da RNA. O AID tem o FNE mais pequeno do que o MID.

Estes resultados confirmam que o melhor resultado é obtido com a utilização da RNA de 4 camadas, uma vez que apresenta o FNE mais pequeno e a taxa de classificação e de deteção mais elevada.

4.3. Teste de redes neurais com resultados de dados mistos:

Para ambos os sistemas IDS, esta fase de teste tem por objetivo testar a capacidade de ambos os IDS para classificar novos ataques. Estes novos ataques não são utilizados para treinar as redes ANN. Nesta secção, testamos a RNA para detetar estes novos ataques.

4.3.1. Resultados de IDS baseados em anomalias:

Os resultados seguintes são obtidos após testar a RNA de 2 camadas utilizando 496 registos, como mostra a Tabela 4.13:

Tabela 4.13: classificação de 2 camadas para IDS baseado em anomalias para a fase de teste com dados mistos

Tipo de registo	N.º total testado	Número classificado.	N.º classificado incorretamente
Normal	146	126	20
Ataque	350	332	18

A RNA continua a ser capaz de classificar registos normais e de ataque para os quais a RNA não foi treinada para detetar, uma vez que o número de registos corretamente classificados é superior ao número de registos mal classificados e o número de registos de ataque mal classificados é inferior ao número de registos normais mal classificados.

Em seguida, testamos a RNA de 3 camadas utilizando estes registos mistos de ataques conhecidos e desconhecidos, obtendo os seguintes resultados, como mostra a Tabela 4.14.

Tabela 4.14: Classificação de 3 camadas para IDS baseado em anomalias para a fase de teste com dados mistos

Tipo de registo	N.º total testado	Número classificado.	N.º classificado incorretamente
Normal	146	126	20
Ataque	350	333	17

A tabela mostra que o número de registos de ataques mal classificados continua a diminuir, o que é considerado um bom indicador do desempenho da nossa RNA.

Finalmente, os resultados obtidos com o teste da RNA de 4 camadas:

Tabela 4.15: Classificação de 4 camadas para IDS baseado em anomalias para a fase de teste com dados mistos

Tipo de registo	N.º total testado	Número classificado.	N.º classificado incorretamente
Normal	146	127	19
Ataque	350	339	11

O quadro mostra que o número de registos corretamente classificados é superior ao número de registos mal classificados e que tanto os registos normais como os de ataque mal classificados continuam a diminuir.

4.3.2. Resultados de IDS baseados em utilização abusiva:

Os resultados seguintes aparecem depois de testar a RNA de 2 camadas utilizando 496 registos, como mostra a Tabela 4.16.

Tabela 4.16: Classificação dos IDS baseados em utilização abusiva de 2 camadas para a fase de teste com dados mistos

Tipo de registo	N.º total testado	Número classificado.	N.º classificado incorretamente
Normal	146	111+22	35
Estrunfe	50	50	0
Gota de lágrima	33	33	0
Neptuno	22	22	0
Terreno	13	12	1
Voltar	25	25	0
Varrimento de IP	18	18	0
Mscan	22	20	2
Varrimento do porto	17	15	2
Satanás	42	40	2
Estouro da memória intermédia	6	2	4
xterm	4	0	-
Warezmaster	12	11	1
xlock	10	0	-
Snmpguess	8	0	-
Warezclient	12	6	6
Snmpgetattack	35	34	1
Adivinhar a palavra-passe	21	21	0
Total	**496**	**442**	**54**

Nota: "-" significa que estes tipos estão mal classificados, ou seja, não foram detectados como ataques.

É óbvio a partir deste quadro que os registos de novos ataques não são classificados e que todos os registos de novos ataques são considerados registos normais, uma vez que o número de registos normais classificados e de registos normais mal classificados excede o número total de registos normais utilizados em 22, que é o número total de registos de novos ataques.

Os números dos ataques classificados são os mesmos que os números dos ataques classificados da fase de teste relativamente aos ataques conhecidos para a mesma RNA de 2 camadas apresentados na Tabela 4.10.

Em seguida, consideramos o teste para RNA de 3 camadas, utilizando estes registos mistos de ataques conhecidos e desconhecidos, obtemos os seguintes resultados, como se mostra na Tabela 4.17:

Tabela 4.17: Classificação dos IDS baseados em utilização abusiva de 3 camadas para a fase de teste com dados mistos

Tipo de registo	N.º total testado	Número classificado.	N.º classificado incorretamente
Normal	146	109+22	37
Estrunfe	50	50	0
Lágrima	33	33	0
Neptuno	22	22	0
Terreno	13	13	0
Voltar	25	25	0
Varrimento de IP	18	18	0
Mscan	22	22	0
Varrimento do porto	17	17	0
Satanás	42	41	1
Estouro da memória intermédia	6	3	3
xterm	4	0	-
Warezmaster	12	12	0
xlock	10	0	-
Snmpguess	8	0	-
Warezclient	12	6	6
Snmpgetattack	35	34	1
Adivinhar a palavra-passe	21	21	0
Total	**496**	**448**	**48**

Nota: "-" significa que estes tipos estão mal classificados, ou seja, não foram detectados como ataques.

Este resultado reforça o resultado anterior da Tabela 4.16, de tal forma que os registos de novos ataques não são classificados e são considerados como registos normais, uma vez que o número de registos normais classificados e de registos normais mal classificados excede o número total de registos normais utilizados em 22, que é o número total de registos de novos ataques, e os números de ataques classificados são os mesmos que os números de ataques classificados da fase de teste relativos a ataques conhecidos para a mesma RNA de 3 camadas, apresentados na Tabela 4.11. Finalmente, os resultados obtidos com o teste da RNA de 4 camadas.

Tabela 4.18: Classificação dos IDS baseados em utilização abusiva de 4 camadas para a fase de teste com dados mistos

Tipo de registo	N.º total testado	Número classificado.	N.º classificado incorretamente
Normal	146	127+22	19
Estrunfe	50	50	0
Lágrima	33	33	0
Neptuno	22	22	0
Terreno	13	11	2
Voltar	25	24	1
Varrimento de IP	18	18	0
Mscan	22	22	0
Varrimento do porto	17	16	1
Satanás	42	41	1
Estouro da memória intermédia	6	6	0
xterm	4	0	-
Warezmaster	12	12	0
xlock	10	0	-
Snmpguess	8	0	-
Warezclient	12	12	0
Snmpgetattack	35	23	12
Adivinhar a palavra-passe	21	21	0
Total	**496**	**460**	**36**

Nota: "-" significa que estes tipos estão mal classificados, ou seja, não foram detectados como ataques.

Na RNA de 4 camadas, os registos dos novos ataques não são classificados e os números dos ataques classificados são os mesmos que os números dos ataques classificados na fase de teste em relação aos ataques conhecidos para a mesma RNA de 4 camadas apresentados na Tabela

4.12.

Todos os registos de novos ataques são considerados registos normais, uma vez que o número de registos normais classificados e de registos normais mal classificados excede o número total de registos normais utilizados em 22, que é o número total de registos de novos ataques.

O efeito da adição de novas camadas ocultas à RNA em relação à taxa de classificação global é ilustrado na figura 4.7:

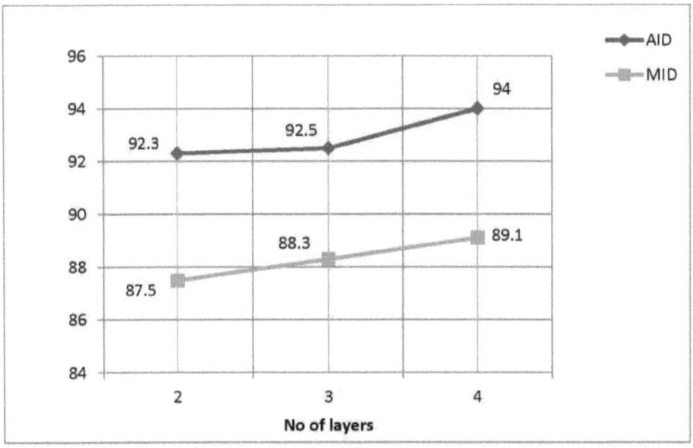

Figura 4.7 : Taxa de classificação durante o teste de ataques desconhecidos para a primeira estrutura

O teste das redes neuronais com os dados mistos mostra que a taxa de classificação do AID é superior à taxa de classificação do MID, uma vez que o primeiro obtém uma taxa de classificação de 94 %, enquanto o segundo obtém uma taxa de classificação de 89,1 % utilizando o mesmo conjunto de dados, e ambos os sistemas obtêm o valor mais elevado na quarta camada.

O efeito da adição de novas camadas ocultas à RNA em relação à taxa de deteção é apresentado na figura 4.8:

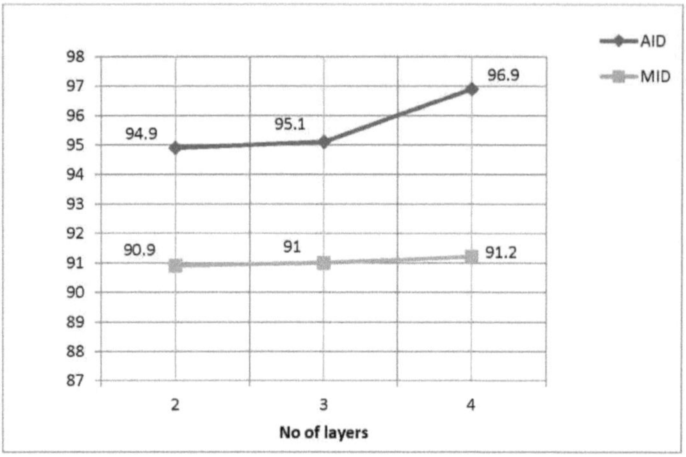

Figura 4.8 : Taxa de deteção durante o teste de ataques desconhecidos para a primeira estrutura

O teste das redes neuronais com dados mistos mostra que a taxa de deteção da AID é superior à taxa de deteção da MID, uma vez que a primeira obtém uma taxa de deteção de 96,9%, enquanto a segunda obtém uma taxa de deteção de 91,2%, aplicando o mesmo conjunto de dados na quarta camada.

A curva ROC (Receiver Operating Characteristic) é frequentemente utilizada para medir o desempenho dos IDS[22] . O espaço ROC é definido pela taxa de deteção em relação ao erro de falsos positivos como eixos *x* e *y*, respetivamente, o que representa compromissos relativos entre os verdadeiros positivos (taxa de deteção) e a taxa de falsos positivos (FPE). A melhor previsão produz um ponto no canto superior esquerdo ou coordenada (0,1) do espaço ROC, representando 100% de taxa de deteção (sem FNE) e 100% de especificidade ou TN (sem FPE). O ponto (0,1) é também designado por classificação perfeita.

A diagonal divide o espaço ROC. Os pontos acima da diagonal representam bons resultados de classificação, os pontos abaixo da linha representam maus resultados.

A curva ROC para o IDS baseado em anomalias para testar novos ataques com ANN de 4 camadas é apresentada na figura 4.9.

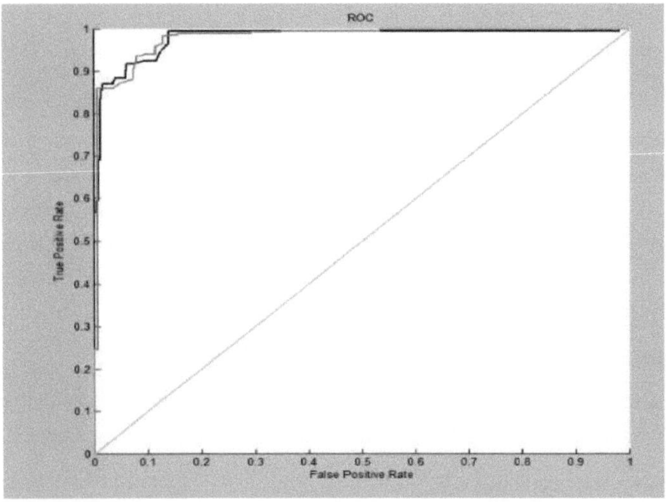

Figura 4.9: ROC para o IDS baseado em anomalias para testar novos ataques com RNA de 4 camadas da primeira estrutura

O nosso ROC mostra que o resultado do teste de novos ataques com ANN de 4 camadas para IDS baseado em anomalias produz um ponto no canto superior esquerdo que é considerado um bom indicador da capacidade de classificação do sistema.

O efeito do aumento do número de camadas na RNA sobre a FNE é ilustrado na Figura 4. 10:

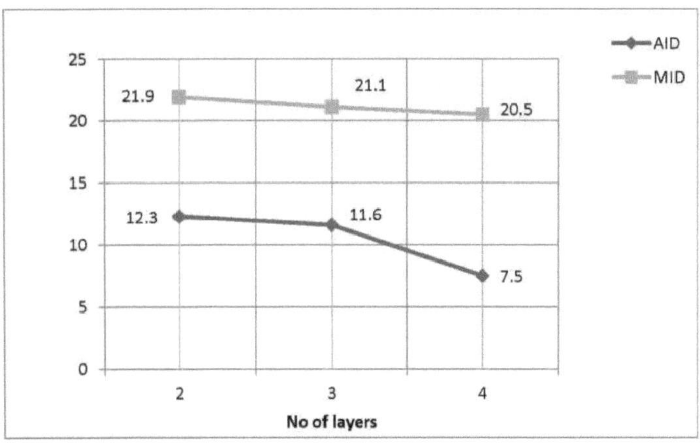

Figura 4.10 : FNE para ambos os sistemas durante o teste de ataques desconhecidos para a primeira estrutura

Os valores de FNE diminuem com o aumento do número de camadas. É evidente que o AID tem o valor mais baixo de FNE em comparação com o do MID. O AID é superior ao MID, uma vez que apresenta os valores mais baixos de FNE, especialmente na quarta camada oculta, onde o valor foi de 7,5% durante o teste de dados mistos.

Todos os resultados acima referidos confirmam que os melhores resultados são obtidos com a utilização da RNA de 4 camadas, uma vez que apresenta o menor FNE e a maior taxa de classificação e deteção.

4.4. Resultados da segunda fase de formação da estrutura:

A fim de aumentar a eficiência do IDS baseado na utilização incorrecta, é utilizada uma segunda estrutura que contém um maior número de neurónios por camada oculta, uma vez que o IDS baseado na utilização incorrecta tem mais alvos do que o IDS baseado em anomalias, ou seja, quinze alvos no primeiro e apenas dois no segundo. Os resultados são recolhidos e ilustrados nas secções seguintes, para além de ser feita uma comparação entre os dois sistemas IDS com base nos resultados obtidos.

4.4.1. Resultados de IDS baseados em anomalias:

Esta fase visa treinar a RNA com diferentes números de camadas ocultas que representam o IDS baseado em anomalias para detetar registos normais ou registos de ataques.

A primeira RNA de 2 camadas é treinada utilizando 2095 registos e os seguintes resultados são recolhidos como se mostra na Tabela 4.19:

Tabela 4.19: classificação do IDS baseado em anomalias de 2 camadas para a fase de treino

Tipo de registo	N.º total testado	Número classificado.	N.º classificado incorretamente
Normal	1092	1022	70
Ataque	1003	994	9

O número de registos corretamente classificados é superior ao número de registos mal classificados e o número de registos de ataque mal classificados é inferior ao número de registos normais mal classificados, o que significa que o FNE é inferior ao FPE, o que é considerado um bom indicador para a nossa rede ANN, uma vez que o FNE tem um grande impacto em comparação com o FPE [2].

É adicionada uma nova camada oculta à rede RNA e, em seguida, a RNA de 3 camadas é treinada, obtendo-se os seguintes resultados:

Tabela 4.20: classificação para IDS baseado em anomalias de 3 camadas para a fase de treino

Tipo de registo	N.º total testado	Número classificado.	N.º classificado incorretamente
Normal	1092	1025	67
Ataque	1003	1000	3

A tabela acima mostra claramente que o número de registos de ataques mal classificados diminuiu em comparação com os resultados anteriores (RNA de 2 camadas). Isto significa que o FNE continua a diminuir, o que é um dos objectivos do IDS, e que o número de registos corretamente classificados é superior ao número de registos mal classificados.

Após o bom efeito da adição de uma nova camada oculta à rede RNA, foi adicionada outra camada oculta, pelo que a RNA é agora constituída por 4 camadas que são treinadas e são recolhidos os seguintes resultados:

Tabela 4.21: classificação para IDS baseado em anomalias de 4 camadas para a fase de treino

Tipo de registo	N.º total testado	Número classificado.	N.º classificado incorretamente
Normal	1092	1026	66
Ataque	1003	1001	2

Este resultado confirma que a RNA de 4 camadas dá o melhor resultado, uma vez que o número de registos de ataque mal classificados e de registos normais mal classificados diminui.

4.4.2. Resultados dos IDS baseados na má utilização:

Esta fase tem por objetivo treinar a RNA para diferentes números de camadas ocultas que representam o IDS baseado na utilização abusiva para detetar determinado tipo de ataques para além do tráfego ou atividade normais.

Os resultados seguintes são obtidos utilizando a RNA de 2 camadas para 2095 registos, como se mostra na Tabela 4.22.

Tabela 4.22: classificação da RNA de 2 camadas para IDS baseado em uso indevido para a fase de treino

Tipo de registos	Registos nº.	Número classificado.	N.º classificado incorretamente
Normal	1092	1024	68
Estrunfe	282	282	0
Gota de lágrima	68	68	0
Neptuno	69	69	0
Terreno	16	16	0
Voltar	35	34	1
Varrimento de IP	37	37	0
Mscan	45	44	1
Varrimento do porto	29	29	0
Satanás	145	143	2
Estouro da memória intermédia	14	10	4

Warezmaster	40	40	0
Warezclient	16	10	6
Snmpgetattack	109	108	1
Adivinhar a palavra-passe	98	98	0
Total	**2095**	**2012**	**83**

A maioria dos ataques foi bem classificada, pelo que o número de registos corretamente classificados é superior ao número de registos mal classificados e o número de ataques mal classificados é inferior ao número de registos normais mal classificados. Além disso, o resultado da segunda estrutura é melhor do que o da primeira, uma vez que o número de registos mal classificados é de 83 na segunda estrutura , ao passo que é de 94 na primeira estrutura, como mostra o quadro 4.4.

Em seguida, adicionamos uma nova camada oculta à RNA e aplicamos o mesmo conjunto de dados à rede, obtendo os seguintes resultados, conforme indicado na Tabela 4.23.

Tabela 4.23: classificação da RNA de 3 camadas para IDS baseado em utilização abusiva para a fase de treino

Tipo de registo	Registos nº.	Número classificado.	N.º classificado incorretamente
Normal	1092	1022	70
Estrunfe	282	282	0
Lágrima	68	67	1
Neptuno	69	69	0
Terreno	16	15	1
Voltar	35	35	0
Varrimento de IP	37	36	1
Mscan	45	45	0
Varrimento do porto	29	28	1
Satanás	145	141	4
Estouro da memória intermédia	14	12	2
Warezmaster	40	39	1
Warezclient	16	16	0
Snmpgetattack	109	107	2

Adivinhar a palavra-passe	98	98	0
Total	**2095**	**2012**	**83**

O número de registos corretamente classificados é superior ao número de registos mal classificados, para além de que o número classificado de alguns ataques aumentou significativamente em comparação com os resultados para 2 camadas, especialmente para Buffer overflow e Warezclient, e o resultado da segunda estrutura é melhor do que o da primeira estrutura, uma vez que o número de registos mal classificados é de 83 na segunda estrutura, enquanto é de 85 para a primeira estrutura, como se mostra no quadro 4.5.

Por fim, é adicionada uma nova camada oculta à RNA e são recolhidos os seguintes resultados, conforme indicado na Tabela 4.24.

Tabela 4.24: classificação da RNA de 4 camadas para IDS baseado em utilização indevida para a fase de treino

Tipo de registo	Registos nº.	Número classificado.	N.º classificado incorretamente
Normal	1092	1024	68
Estrunfe	282	282	0
Lágrima	68	68	0
Neptuno	69	69	0
Terreno	16	16	0
Voltar	35	35	0
Varrimento de IP	37	37	0
Mscan	45	45	0
Varrimento do porto	29	27	2
Satanás	145	143	2
Estouro da memória intermédia	14	13	1
Warezmaster	40	40	0
Warezclient	16	16	0
Snmpgetattack	109	107	2
Adivinhar a palavra-passe	98	98	0
Total	**2095**	**2020**	**75**

A maior parte dos ataques está completamente classificada e os outros ataques têm um número reduzido de erros de classificação, além de que o número de registos de ataques mal classificados é inferior ao número de registos normais mal classificados. Além disso, o resultado da segunda estrutura é melhor do que o da primeira, uma vez que o número de registos mal classificados é de 75 para a segunda estrutura, ao passo que é de 84 para a primeira, como mostra o quadro 4.6.

O efeito da utilização de diferentes números de camadas ocultas na taxa de classificação global é descrito na figura 4.10, de tal forma que a taxa de classificação global é recolhida para ambos os sistemas IDS, ou seja, baseado em anomalias e baseado em utilização abusiva, de acordo com diferentes números de camadas ocultas:

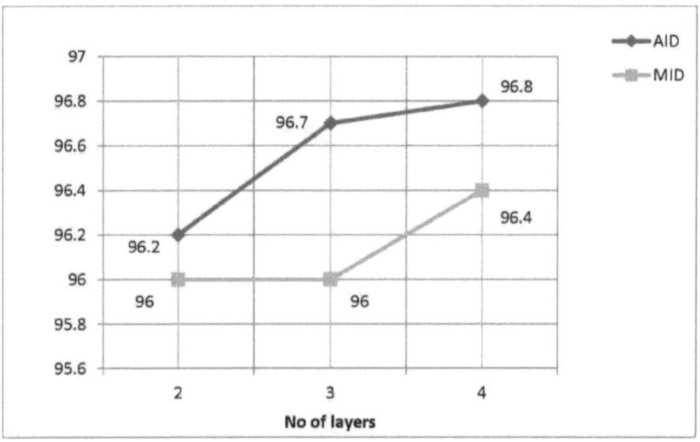

Figura 4.11: Taxa de classificação para ambos os sistemas durante o treino para a segunda estrutura

A partir da figura acima, é óbvio que a taxa de classificação de ambos os sistemas aumenta à medida que o número de camadas ocultas aumenta. É evidente que a AID tem a taxa de classificação mais elevada de 96,8%, enquanto a taxa de classificação mais elevada da MID é de 96,4% e ambos os sistemas obtêm o ponto mais elevado na quarta camada, embora a taxa de classificação da MID nas RNA de 2 e 3 camadas seja igual, mas cada uma tem uma taxa de deteção diferente.

A taxa de deteção também é recolhida para a utilização de diferentes números de camadas ocultas e ilustrada na figura 4.12.

A figura 4.12 mostra que a taxa de deteção de ambos os sistemas (ou seja, AID e MID) aumenta à medida que o número de camadas ocultas aumenta. A diferença entre os dois sistemas é que a taxa de deteção mais elevada é obtida pelo AID, 99,8% na quarta camada, enquanto a taxa de deteção mais elevada do MID é de 98,4% na quarta camada. Estes resultados obtidos são superiores aos resultados obtidos em trabalhos anteriores, ou seja, 97,4% em [18] e 86% em [25].

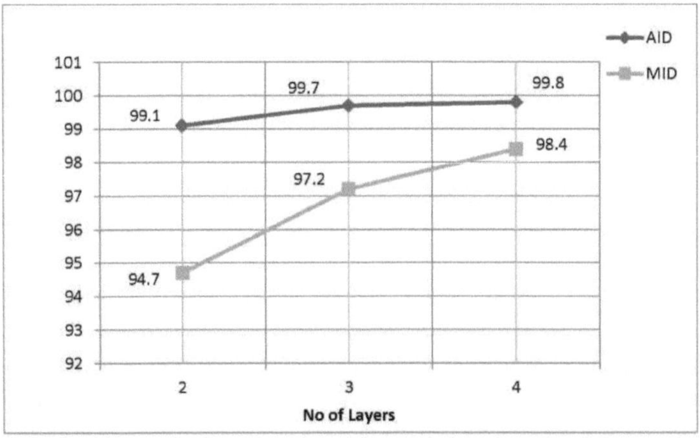

Figura 4.12 : Taxa de deteção para ambos os sistemas durante o treino para a segunda estrutura

Finalmente, o FNE é apresentado para a utilização de diferentes números de camadas ocultas para ambos os tipos de IDS, como na figura 4.13:

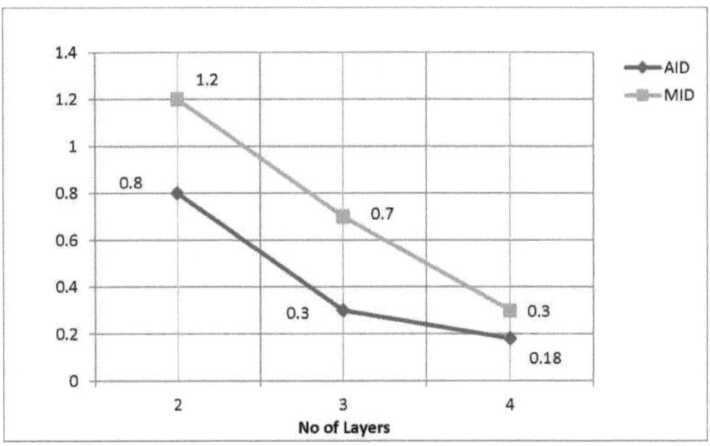

Figura 4.13: FNE para ambos os sistemas durante o treino para a segunda estrutura

A Figura 4.13 mostra que o FNE diminui com o aumento do número de camadas, especialmente para o AID .

A partir de todos os resultados acima referidos, é evidente que o melhor resultado é obtido com a utilização de uma RNA de 4 camadas que tem o FNE mais pequeno e a taxa de classificação e deteção mais elevada, e a AID é superior à MID.

4.5. Segunda fase de teste de estrutura com resultados de ataques conhecidos:

Para ambos os sistemas IDS, esta fase de teste testa a capacidade da RNA para classificar os ataques para os quais a rede RNA foi treinada para os detetar.

4.5.1. Resultados de IDS baseados em anomalias:

Os resultados seguintes aparecem depois de testar a RNA de 2 camadas utilizando 474 registos, como mostra a Tabela 4.25:

Tabela 4.25: classificação de 2 camadas para IDS baseado em anomalias para a fase de teste com ataques conhecidos

Tipo de registo	N.º total testado	Número classificado.	N.º classificado incorretamente
Normal	146	126	20
Ataque	328	323	5

Este resultado confirma a capacidade da RNA para classificar bem os registos normais e de ataque, uma vez que o número de registos corretamente classificados é superior ao número de registos mal classificados e o número de registos de ataque mal classificados é inferior ao número de registos normais mal classificados.

Depois de testar a RNA de 3 camadas utilizando os mesmos 474 registos, obtêm-se os seguintes resultados, como mostra a Tabela 4.26.

Tabela 4.26: classificação de 3 camadas para IDS baseado em anomalias para a fase de teste com ataques conhecidos

Tipo de registo	N.º total testado	Número classificado.	N.º classificado incorretamente
Normal	146	127	19
Ataque	328	327	1

Este resultado confirma que a FNE continua a diminuir, uma vez que o número de registos de ataques mal classificados diminui eficazmente em comparação com os resultados anteriores (RNA de 2 camadas).

Os resultados do teste da RNA de 4 camadas, utilizando os mesmos 474 registos, são apresentados na Tabela 4.27.

Tabela 4.27: classificação de 4 camadas para IDS baseado em anomalias para a fase de teste com ataques conhecidos

Tipo de registo	N.º total testado	Número classificado.	N.º classificado incorretamente
Normal	146	127	19
Ataque	328	328	0

Este resultado confirma que a RNA de 4 camadas dá o melhor resultado, uma vez que não há registos de ataques mal classificados.

4.5.2. Resultados de IDS baseados em utilização abusiva:

Os resultados seguintes são obtidos depois de testar a RNA de 2 camadas utilizando os mesmos 474 registos, como mostra a Tabela 4.28.

Tabela 4.28: classificação para IDS baseado em uso indevido de 2 camadas para a fase de teste com ataques conhecidos

Tipo de registo	**N.º total testado**	**Número classificado.**	**N.º classificado incorretamente**
Normal	146	125	21
Estrunfe	50	50	0
Gota de lágrima	33	33	0
Neptuno	22	22	0
Terreno	13	13	0
Voltar	25	25	0
Varrimento de IP	18	18	0
Mscan	22	21	1
Varrimento do porto	17	17	0
Satanás	42	41	1
Estouro da memória intermédia	6	5	1
Warezmaster	12	12	0
Warezclient	12	6	6
Snmpgetattack	35	34	1
Adivinhar a palavra-passe	21	21	0
Total	**474**	**443**	**31**

Os resultados confirmam que a RNA de 2 camadas consegue detetar bem os ataques, uma vez que o número de registos mal classificados é inferior ao número de registos classificados.

O teste da RNA de 3 camadas com o mesmo conjunto de dados dá os seguintes resultados, como mostra a Tabela 4.29.

Tabela 4. 29: classificação dos IDS baseados em utilização abusiva de 3 camadas para a fase de teste com ataques conhecidos

Tipo de registo	**N.º total testado**	**Número classificado.**	**N.º classificado incorretamente**
Normal	146	125	21
Estrunfe	50	50	0
Lágrima	33	33	0
Neptuno	22	22	0

Terreno	13	12	1
Voltar	25	25	0
Varrimento de IP	18	18	0
Mscan	22	22	0
Varrimento do porto	17	16	1
Satanás	42	40	2
Estouro da memória intermédia	6	4	2
Warezmaster	12	12	0
Warezclient	12	12	0
Snmpgetattack	35	34	1
Adivinhar a palavra-passe	21	21	0
Total	**474**	**446**	**28**

Estes resultados confirmam que a RNA de 3 camadas pode detetar os ataques melhor do que a RNA de 2 camadas, uma vez que o número de registos mal classificados de 3 camadas é inferior ao número de registos classificados de 2 camadas.

A RNA de 4 camadas também foi testada e os seguintes resultados são apresentados na Tabela 4.30.

Tabela 4.30: classificação para IDS baseado em uso indevido de 4 camadas para a fase de teste com ataques conhecidos

Tipo de registo	N.º total testado	Número classificado.	N.º classificado incorretamente
Normal	146	124	22
Estrunfe	50	50	0
Lágrima	33	33	0
Neptuno	22	22	0
Terreno	13	13	0
Voltar	25	25	0
Varrimento de IP	18	18	0
Mscan	22	22	0
Varrimento do porto	17	15	2
Satanás	42	41	1

Estouro da memória intermédia	6	5	1
Warezmaster	12	12	0
Warezclient	12	12	0
Snmpgetattack	35	34	1
Adivinhar a palavra-passe	21	21	0
Total	**474**	**447**	**27**

A RNA de 4 camadas tem os melhores resultados, uma vez que apresenta o maior número de registos bem classificados e o menor número de registos mal classificados, em comparação com a RNA de 2 e 3 camadas.

O efeito da utilização de diferentes números de camadas ocultas na taxa de classificação global de ambos os sistemas IDS é descrito na figura 4.14.

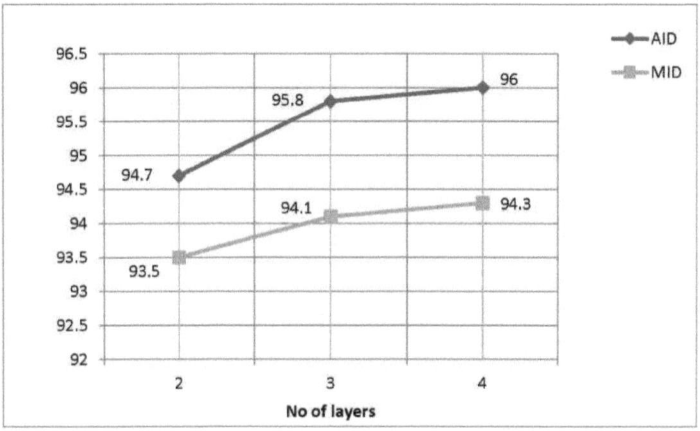

Figura 4.14: Taxa de classificação durante o teste de ataques conhecidos para a segunda estrutura

O teste das redes neuronais mostra que a taxa de classificação da AID é superior à taxa de classificação da MID, uma vez que a primeira obtém uma taxa de classificação de 96%, enquanto a segunda obtém uma taxa de classificação de 94,3%, aplicando o mesmo conjunto de dados.

Na figura 4.15 seguinte, a taxa de deteção é apresentada em função do número de camadas da RNA:

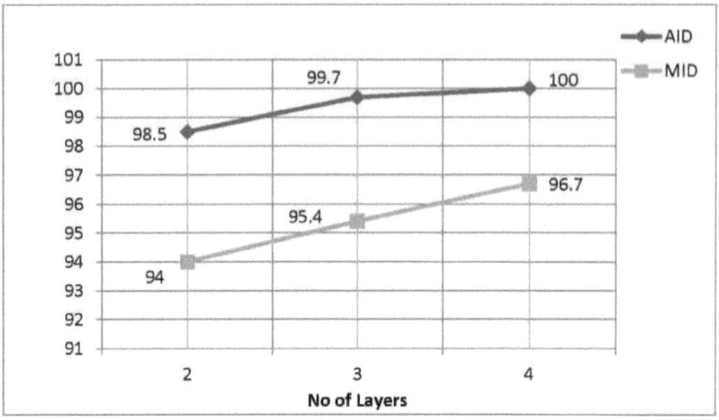

Figura 4.15: Taxa de deteção durante o teste de ataques conhecidos para a segunda estrutura

O teste das redes neuronais mostra que a taxa de deteção da AID é superior à taxa de deteção da MID, uma vez que a primeira obtém uma taxa de deteção de 100%, enquanto a segunda obtém uma taxa de deteção de 96,7%, aplicando o mesmo conjunto de dados.

O efeito do aumento do número de camadas na RNA sobre a FNE para ambos os sistemas é apresentado na figura 4. 16:

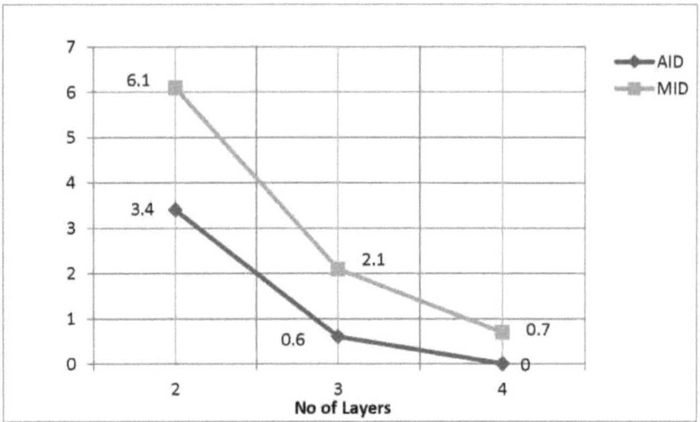

Figura 4.16 : FNE durante o teste de ataques conhecidos para a segunda estrutura

A Figura 4.16 mostra que o FNE diminui com o aumento do número de camadas, especialmente para o AID, que atinge o zero na quarta camada.

Todos os resultados acima referidos confirmam que o melhor resultado é obtido com a utilização de RNA de 4 camadas, uma vez que apresenta o FNE mais baixo e a taxa de classificação e deteção mais elevada. Além disso, a AID supera a MID, uma vez que apresenta os valores mais baixos de FNE, especialmente na quarta camada oculta, onde o valor é zero.

4.6. Teste de redes neurais com resultados de dados mistos:

A fim de testar a capacidade de ambos os tipos de IDS para classificar novos ataques que as estruturas ANN não estão treinadas para detetar, foi utilizado um novo conjunto de dados que consiste em dados mistos de ataques conhecidos e desconhecidos.

4.6.1. Resultados de IDS baseados em anomalias:

Os resultados seguintes são recolhidos depois de testar a RNA de 2 camadas com 496 registos, como mostra a Tabela 4.31.

Tabela 4.31: classificação de 2 camadas para IDS baseado em anomalias para a fase de teste com dados mistos

Tipo de registo	N.º total testado	Número classificado.	N.º classificado incorretamente
Normal	146	126	20
Ataque	350	335	15

A RNA continua a ser capaz de classificar registos normais e de ataque que não foram treinados para detetar, uma vez que o número de registos corretamente classificados é superior ao número de registos mal classificados e o número de registos de ataque mal classificados é inferior ao número de registos normais mal classificados.

Depois de testar a RNA de 3 camadas utilizando estes registos mistos de ataques conhecidos e desconhecidos, obtivemos os seguintes resultados, como mostra a Tabela 4.32.

Tabela 4.32: classificação de 3 camadas para IDS baseado em anomalias para a fase de teste com dados mistos

Tipo de registo	N.º total testado	Número classificado.	N.º classificado incorretamente
Normal	146	127	19
Ataque	350	341	9

O número de registos de ataques mal classificados continua a diminuir, o que é considerado um bom indicador do desempenho da nossa RNA.

O teste da RNA de 4 camadas dá os seguintes resultados, como mostra a Tabela 4.33.

Tabela 4.33: classificação de 4 camadas para IDS baseado em anomalias para a fase de teste com dados mistos

Tipo de registo	N.º total testado	Número classificado.	N.º classificado incorretamente
Normal	146	127	19
Ataque	350	346	4

O número de registos corretamente classificados é superior ao número de registos mal classificados e tanto os registos normais como os de ataque mal classificados continuam a diminuir.

4.6.2. Resultados de IDS baseados em utilização abusiva:

Os resultados seguintes são recolhidos depois de testar a RNA de 2 camadas utilizando 496 registos, como mostra a Tabela 4.34.

Tabela 4.34: classificação para IDS baseado em utilização abusiva de 2 camadas para a fase de teste com dados mistos

Tipo de registo	N.º total testado	Número classificado.	N.º classificado incorretamente
Normal	146	106+22	40
Estrunfe	50	50	0
Gota de lágrima	33	33	0
Neptuno	22	22	0
Terreno	13	13	0
Voltar	25	25	0
Varrimento de IP	18	18	0
Mscan	22	21	1
Varrimento do porto	17	17	0
Satanás	42	41	1
Estouro da memória intermédia	6	5	1
xterm	4	0	-
Warezmaster	12	12	0
xlock	10	0	-
Snmpguess	8	0	-
Warezclient	12	6	6
Snmpgetattack	35	34	1
Adivinhar a palavra-passe	21	21	0
Total	**496**	**446**	**50**

Nota: "-" significa que estes tipos estão mal classificados, ou seja, não foram detectados como ataques.

É óbvio, a partir deste quadro 4.34, que os números dos ataques classificados são os mesmos que os números dos ataques classificados da fase de teste com ataques conhecidos para a mesma RNA de 2 camadas apresentada no quadro 4.29. Todos os registos de novos ataques são considerados como registos normais, uma vez que o número de registos normais classificados e mal classificados excede o número total de registos normais utilizados em 22, que é o número total de registos de novos ataques.

Em seguida, testámos a RNA de 3 camadas com este novo conjunto de dados mistos e os resultados são apresentados na Tabela 4.35.

Tabela 4.35: Classificação dos IDS baseados em utilização abusiva de 3 camadas para a fase de teste com dados mistos

Tipo de registo	N.º total testado	Número classificado.	N.º classificado incorretamente
Normal	146	105+22	41
Estrunfe	50	50	0
Gota de lágrima	33	33	0
Neptuno	22	22	0
Terreno	13	12	1
Voltar	25	25	0
Varrimento de IP	18	18	0
Mscan	22	22	0
Varrimento do porto	17	16	1
Satanás	42	40	2
Estouro da memória intermédia	6	4	2
xterm	4	0	-
Warezmaster	12	12	0
xlock	10	0	-
Snmpguess	8	0	-
Warezclient	12	12	0
Snmpgetattack	35	34	1
Adivinhar a palavra-passe	21	21	0
Total	**496**	**448**	**48**

Nota: "-" significa que estes tipos estão mal classificados, ou seja, não foram detectados como ataques.

Este resultado enfatiza o resultado anterior na Tabela 4.34, de tal forma que os novos registos de ataques são classificados como registos normais em que os números de ataques classificados são os mesmos que os números de ataques classificados da fase de teste com ataques conhecidos para a mesma RNA de 3 camadas dada na Tabela 4.29 e todos os novos ataques são considerados normais, uma vez que o número de registos normais classificados e mal classificados excede o número total de registos normais utilizados em 22, que é o número total de registos de novos ataques.

Depois de testar a RNA de 4 camadas com este novo conjunto de dados mistos, obtêm-se os seguintes resultados na Tabela 4.36.

Tabela 4.36: classificação para IDS baseado em utilização abusiva de 4 camadas para a fase de teste com dados mistos

Tipo de registo	**N.º total testado**	**Número classificado.**	**N.º classificado incorretamente**
Normal	146	105+22	41
Estrunfe	50	50	0
Gota de lágrima	33	33	0
Neptuno	22	22	0
Terreno	13	13	0
Voltar	25	25	0
Varrimento de IP	18	18	0
Mscan	22	22	0
Varrimento do porto	17	15	2
Satanás	42	41	1
Estouro da memória intermédia	6	5	1
xterm	4	0	-
Warezmaster	12	12	0
xlock	10	0	-
Snmpguess	8	0	-
Warezclient	12	12	0
Snmpgetattack	35	34	1
Adivinhar a palavra-passe	21	21	0
Total	**496**	**450**	**46**

Nota: "-" significa que estes tipos estão mal classificados, ou seja, não foram detectados como ataques.

Os novos registos de ataques são classificados como registos normais, sendo os números dos ataques classificados iguais aos números dos ataques classificados da fase de teste com ataques conhecidos para a mesma RNA de 4 camadas, apresentados na Tabela 4.30, e todos os novos ataques são considerados normais, uma vez que o número de classificados e mal classificados excede o número total de registos normais utilizados em 22, que é o número total de registos de novos ataques.

O efeito da adição de novas camadas ocultas à RNA no que respeita à taxa de classificação global é ilustrado na figura 4.17:

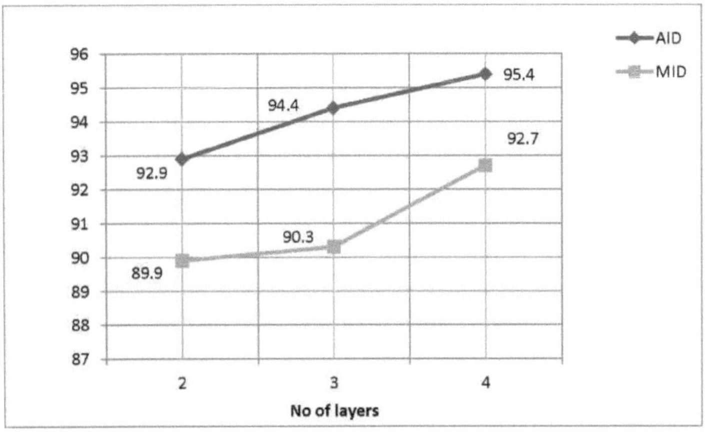

Figura 4.17: Taxa de classificação durante o teste de ataques desconhecidos para a segunda estrutura

O teste das redes neuronais com os dados mistos mostra que a taxa de classificação do AID é superior à taxa de classificação do MID, uma vez que o primeiro obtém uma taxa de classificação de 95,4 %, enquanto o segundo obtém uma taxa de classificação de 92,7 % aplicando o mesmo conjunto de dados, e ambos os sistemas obtêm o valor mais elevado na quarta camada.

O efeito da adição de novas camadas ocultas à RNA em relação à taxa de deteção é apresentado na figura 4.18:

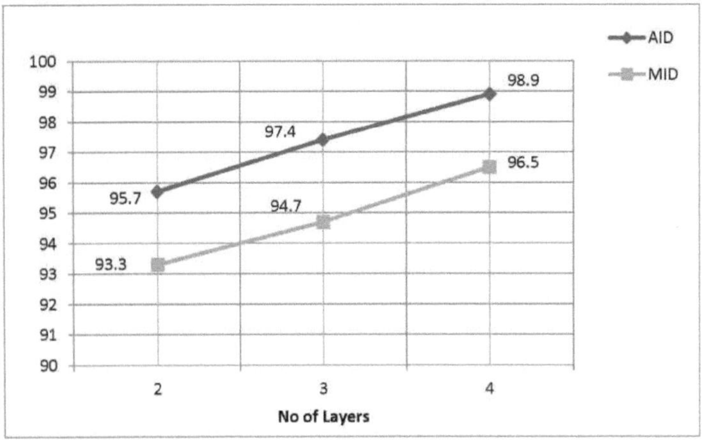

Figura 4.18: Taxa de deteção durante o teste de ataques desconhecidos para a segunda estrutura

Neste caso, é utilizado o conjunto de dados misto para testar as redes ANN. Os resultados obtidos mostram que a taxa de deteção da AID é superior à taxa de deteção da MID, uma vez que a primeira obtém uma taxa de deteção de 98,9%, enquanto a segunda obtém uma taxa de deteção de 96,5%, aplicando o mesmo conjunto de dados.

A curva ROC (Receiver Operating Characteristic) é frequentemente utilizada para medir o desempenho dos IDS[22] . O espaço ROC é definido pela taxa de deteção e pelo erro de falsos positivos como eixos *x* e *y*, respetivamente, o que representa compensações relativas entre os verdadeiros positivos (taxa de deteção) e a taxa de falsos positivos (FPE). A diagonal divide o espaço ROC. Os pontos acima da diagonal representam bons resultados de classificação e os pontos abaixo da linha representam maus resultados.

A curva ROC para o IDS baseado em anomalias para testar novos ataques com ANN de 4 camadas é apresentada na figura 4.19.

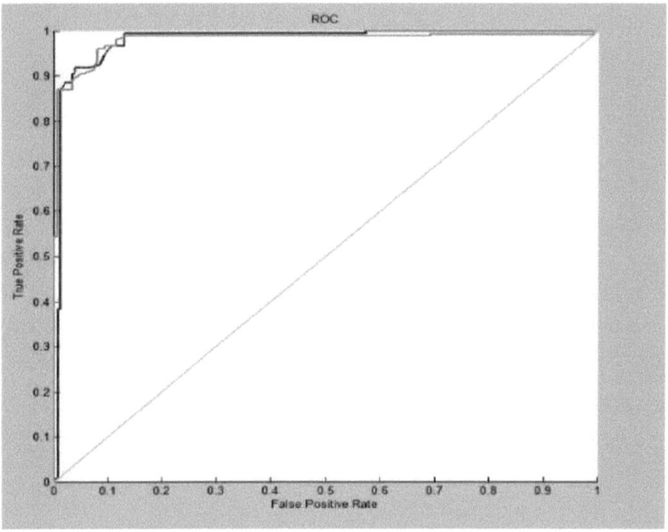

Figura 4.19: ROC para o IDS baseado em anomalias para testar novos ataques com RNA de 4 camadas de segunda estrutura

O nosso ROC mostra que o resultado do teste de novos ataques com ANN de 4 camadas para IDS baseado em anomalias produz um ponto no canto superior esquerdo que é considerado um bom indicador da capacidade de classificação do sistema.

O efeito do aumento do número de camadas da RNA sobre a FNE é ilustrado na figura 4. 20.

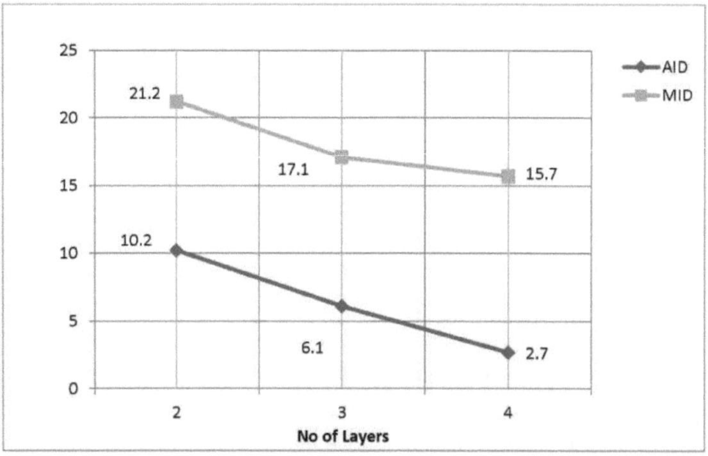

Figura 4.20: FNE durante o teste de ataques desconhecidos para a segunda estrutura

Os valores do FNE continuam a diminuir com o aumento do número de camadas e o AID tem o valor mais baixo do FNE em comparação com o MID.

Todos os resultados acima referidos confirmam que o melhor resultado é obtido com a utilização de RNA de 4 camadas, uma vez que apresenta o FNE mais baixo e a taxa de classificação e deteção mais elevada. Por conseguinte, a AID tem um melhor desempenho do que a MID, uma vez que apresenta os valores mais baixos de FNE, especialmente na quarta camada oculta, onde o valor é de 2,7% durante o teste de dados mistos.

Capítulo 5: Conclusão

Com base nos resultados da utilização da RNA para implementar o IDS para os seus dois tipos (ou seja, baseado em anomalias e baseado em utilização abusiva) e com base na comparação efectuada entre estes dois sistemas, chegamos às seguintes conclusões e resultados:

5.1. Conclusão:

Este trabalho de investigação é uma tentativa de implementar ambos os sistemas de deteção de intrusões IDS utilizando redes ANN e de avaliar quantitativamente o desempenho de várias redes ANN. Estes sistemas IDS são o sistema de deteção de intrusões baseado em anomalias e o sistema de deteção de intrusões baseado na utilização abusiva. Utilizámos redes RNA para implementar estes sistemas IDS. Dos resultados experimentais obtidos, conclui-se que o sistema de deteção de intrusões baseado em anomalias tem melhor desempenho do que o sistema de deteção de intrusões baseado na utilização abusiva.

5.2. Contribuição:

O trabalho realizado nesta tese contribui para a comparação do desempenho de ambos os sistemas de deteção de intrusões utilizando redes ANN. No entanto, os principais contributos do trabalho podem ser enumerados da seguinte forma:

- Foram propostas e utilizadas duas estruturas ANN devido à natureza diferente de ambos os tipos de IDS, de tal modo que a primeira estrutura representa o IDS baseado em anomalias e a outra estrutura representa o IDS baseado na utilização abusiva. Além disso, são considerados diferentes números de camadas ocultas em cada uma das estruturas ANN utilizadas acima para avaliar o desempenho de ambos os sistemas IDS.

- Ambos os tipos de IDS são experimentados utilizando estas duas estruturas ANN, de modo a que o seu desempenho seja avaliado e comparado.

- Melhoria do desempenho de ambos os sistemas IDS, uma vez que a taxa de classificação global e a taxa de deteção aumentaram significativamente.

- Reduzir o FNE, que tem um grande impacto na organização em comparação com o FPE [2], em comparação com o trabalho anterior.

5.3. Conclusões:

Os resultados apresentados neste trabalho através de tabelas e gráficos são obtidos através da realização de uma série de experiências com as duas estruturas de RNA para ambos os sistemas IDS. Após a análise dos resultados das experiências para ambos os sistemas IDS em estudo, são feitas as seguintes observações:

- Aumentar o número de camadas ocultas aumenta o desempenho da rede ANN. Mas, por outro lado, aumenta a complexidade e consome mais tempo e recursos.

- Para os IDS baseados em anomalias, o erro falso positivo é relativamente mais elevado do que o erro falso negativo. Isto deve-se ao facto de qualquer desvio do comportamento padrão (esperado) do utilizador ser considerado como um ataque.

• O IDS baseado em anomalias é capaz de descobrir novos ataques com base no pressuposto de que o comportamento dos ataques difere do comportamento normal do utilizador.

• O tipo de ataques não pode ser reconhecido com o IDS baseado em anomalias, o que é considerado uma desvantagem deste sistema IDS. Outra desvantagem dos IDS baseados em anomalias ocorre quando um comportamento inaceitável é incluído nos dados de treino e aceite como comportamento normal, o que terá um efeito negativo na segurança.

• O IDS baseado no uso indevido é capaz de detetar tráfegos normais e diferentes ataques com elevada precisão. Além disso, o IDS baseado no uso indevido pode detetar o tipo de ataque, uma vez que se baseia numa assinatura de ataque já conhecida. Mas os novos ataques não podem ser detectados pelos IDS baseados na utilização abusiva porque as suas assinaturas são desconhecidas do sistema.

• Para os IDS baseados na utilização abusiva, o erro falso negativo é relativamente mais elevado do que o erro falso positivo devido ao facto de quaisquer ataques desconhecidos serem considerados como atividade normal de um utilizador.

• Os IDS baseados na utilização abusiva necessitam de mais neurónios por camada do que os sistemas de intrusão por anomalias, porque têm mais alvos a identificar. Por conseguinte, aumenta a complexidade da RNA e consome mais tempo e recursos para treinar a rede RNA.

• Os IDS baseados em anomalias têm um melhor desempenho do que os IDS baseados em abusos, de acordo com os resultados obtidos, como a taxa de classificação global, a taxa de deteção e o erro falso negativo.

5.4. Trabalho futuro:

Neste trabalho de investigação, fizemos esforços para atingir os objectivos definidos na proposta inicial do trabalho. No entanto, alguns dos objectivos têm resultados limitados devido ao pouco tempo disponível. Como extensão deste trabalho, apresenta-se de seguida uma lista de trabalhos que podem ser realizados no futuro:

• Adaptar as caraterísticas do conjunto de dados selecionado do sistema IDS.

• Reduzir o FPE de modo a que sejam detectados menos falsos alarmes quando um utilizador normal está a utilizar o sistema.

• Aplicar outras técnicas de computação flexível, como algoritmos genéticos, sistemas periciais, etc., para avaliar o desempenho dos sistemas IDS.

• O IDS pode ser utilizado como base para o Sistema de Prevenção de Intrusões (IPS), onde o processo de intrusão pode ser interrompido e os seus danos na organização são evitados.

Referências:

1. Charles Elkan, "Results of the KDD'99 classifier learning", SIGKDD Exploring192, 2000, 63-64.

2. Daejoon Joo, Taeho Hongb, e Ingoo Hanc, "The neural network models for IDS based on the asymmetric costs of false negative errors and false positive errors", Pergamon, Expert Systems with Applications 25, 2003, 69-75.

3. Dae-Ki Kang, Doug Fuller, Vasant Honavar, " Learning Classier for Misuse and Anomaly Detection Using a Bag of System Calls Representation", IEEE, 2005.

4. Dorothy E. Denning, "An intrusion detection model" (Um modelo de deteção de intrusões), Transactions Software Engineering, fevereiro de 1987, 222-232.

5. Fadwa Abdul-Bari Awn, Khaled Ahmed Abood, "Improved Anomaly Intrusion Detection System Using Neural Network", Journal of Yemen Engineer, Volume 12-November 2012, 29-38.

6. Gang Wang, Jinxing Hao, Jian Ma e Lihua Huang, "A new approach to intrusion detection using Artificial Neural Networks and fuzzy clustering", Expert Systems with Applications ,2010.

7. H. Debar, M. Dacier, A. Wespi, "Towards a taxonomy of intrusion-detection systems", Computer Networks, n.º 31, 1999.

8. H. Gunes Kayacik, A. Nur Zincir-Heywood, Malcolm I. Heywood, "Selecting Features for Intrusion Detection: A Feature Relevance Analysis on KDD 99 Intrusion Detection Datasets", Conselho de Investigação em Ciências Naturais e Engenharia do Canadá, http://www.cs.dal.ca/projectx/.

9. James Cannady, "Artificial neural networks for misuse detection", Actas da Conferência Nacional sobre Segurança dos Sistemas de Informação de 1998 (NISSC'98), Arlington, VA, 1998.

10. Jean-Philippe Planquart, "Application of Neural Networks to Intrusion Detection", SANS Institute InfoSec Reading Room 2001.

11. Joseph Migga Kizza, 2009, "A guide to Computer Network Security", Springer.

12. K. Richards, "Network based intrusion detection: a review of Technologies", Computer and Security, 1999, 671-682.

13. Conjuntos de dados KDD 1991. The UCI LDD Archive, http://kdd.ics.uci.edu/databases/kddcup99/ kddcup99.html, Irvine, CA, EUA, 1999.

14. Manoranjan Pradhan, Sateesh Kumar Pradhan e Sudhir Kumar Sahu, " Anomaly Detection Using Artificial Neural Network", International Journal of Engineering Sciences & Emerging Technologies, abril de 2012, 29-36.

15. Suporte em linha do MATLAB: www.mathworks.com/ access/helpdesk/help//techdoc/matlab.shtml.

16. MATHWORKS: http://www.mathworks.com

17. Meera Gandhi, S.K.Srivatsa, " Detecting and preventing attacks using network intrusion detection systems", International Journal of computer Science and Security", Volume (2) : Issue (1).

18. Mehdi Moradi e Mohammad Zulkernine, "A Neural Network Based System for Intrusion Detection and Classification of Attacks", Conferência Internacional do IEEE sobre Avanços em Sistemas Inteligentes - Teoria e Aplicações, novembro de 2004, 15-18.

19. Michael G. Solomon & Mike Chapple, 2005, "Information Security Illuminated", Jones and Bartlett Publishers.

20. Michael Negnevitsky, 2002, "Artificial Intelligent A guide to Intelligent System", segunda edição, Addison - Wesley Publishing Company.

21. Mikhail Gordeev," Intrusion Detection: Techniques and Approaches", agosto de 2003, 2 -13, http://www.forumintrusion.com/archive.

22. Mrutyunjaya Panda e Manas Ranjan Patra, " Network Intrusion Detection Using Naive Bayes", IJCSNS International Journal of Computer Science and Network Security, dezembro de 2007,253-263.

23. P. Sommer, "Intrusion detection systems as evidence", Computer Networks, n.º 31, 1999.

24. Prasanta Gogoi, D.K. Bhattacharyya, B. Borah e Jugal K. Kalita, " MLH- IDS: A Multi-Level Hybrid Intrusion Detection Method", The Computer Journal Advance Access, 12 de maio de 2013.

25. Ravi Kiran Varma.P & V. Valli Kumari, " Feature Optimization and Performance Improvement of a Multiclass Intrusion Detection System using PCA and ANN", International Journal of Computer Applications (975-8887) Volume 44-No13, April 2012, 4-9.

26. Richards, K," Network based intrusion detection: a review of technologies", Computer and Security, 1999, 18, 671-682.

27. S. Saravanakumar, Amruth Kumar.A, Anandaraj.s e S. Gowtham , " Algorithms Based on Artificial Neural Networks for Intrusion Detection in Heavy Traffic Computer Networks ", International Conference on Advancements in Information Technology With workshop of ICBMG 2011 IPCSIT vol.20 (2011) IACSIT Press, Singapore.

28. Sandip Sonawane , Shailendra Pardeshi e Ganesh Prasad, " A survey on intrusion detection techniques ", World Journal of Science and Technology 133, 2012.

29. Todd Vollmer e Milos Manic, "Computationally Efficient Neural Network Intrusion Security Awareness", INL agosto de 2009.

30. Vallipuram Muthukkumarasamy & Robert Birkely, "An Intelligent Intrusion Detection System Based On Neural Network", IADIS International Conference Applied Computing 2004, 221-228.

31. William Stallings, 2005, "Cryptography and Network Security Principles and Practices", Fourth Edition, Prentice Hall.

32. Xiong Xin & Nie Mingxin, "BP Neural Network principle and MATLAB Simulation", **http://www.paper.edu.cn.**

APÊNDICE A - Código fonte para conversão de atributos de texto nos seus valores ASCII

seus valores ASCII

```
string s = "";
          int x = 0;
          byte[] ASCIIValues;
         for (int i=0; i<2095; i++)
{
        for (int j=1; j<4; j++)

  {
        s =   dataGridView1.Rows[i].Cells[j].Value.ToString();
                ASCIIValues = Encoding.ASCII.GetBytes(s);
                foreach (byte b in ASCIIValues)
                {
                   x += Convert.ToInt32(b);

                }

               dataGridView1.Rows[i].Cells[j].Value=x.ToString();

            }

          }

}
```

APÊNDICE B - Código-fonte da rede neural de primeira estrutura

Código-fonte da rede neural de primeira estrutura para a fase de treinamento:

Criação de FFNN para IDS baseado em anomalias de 2 camadas

```
p=load('anomalyinputs.txt');
t=load('anomalytargets.txt');
Net1 = newff(p,t,35,{},'trainlm');
Net1.layers{1}.transferFcn = 'tansig';
Net1.layers{2}.transferFcn = 'purelin';
```

Treinar FFNN utilizando o algoritmo Back propagation

```
Net1=train(Net1,p,t);
y=sim(Net1,p);
e=t-y;
Perf=mse(e)
[c,cm]=confusion(t,y)
plotconfusion(t,y);
plotroc(t,y);
```

Criação de FFNN para IDS baseado em anomalias de 3 camadas

```
p=load('anomalyinputs.txt');
t=load('anomalytargets.txt');
Net 2= newff(p,t,[20,15],{},'trainlm');
Net2.layers{1}.transferFcn = 'tansig';
Net2.layers{2}.transferFcn = 'tansig';
Net2.layers{3}.transferFcn = 'purelin';
```

Treinar FFNN utilizando o algoritmo Back propagation

```
Net2=train(Net2,p,t);
y=sim(Net2,p);
e=t-y;
Perf=mse(e)
[c,cm]=confusion(t,y)
plotconfusion(t,y);
plotroc(t,y);
```

Criação de FFNN para IDS baseado em anomalias de 4 camadas

```
p=load('anomalyinputs.txt');
t=load('anomalytargets.txt');
Net3 = newff(p,t,[20,15,5],{},'trainlm');
Net3.layers{1}.transferFcn = 'tansig';
Net3.layers{2}.transferFcn = 'tansig';
Net3.layers{3}.transferFcn = 'tansig';
Net3.layers{4}.transferFcn = 'purelin';
```

Treinar FFNN utilizando o algoritmo Back propagation

```
Net3=train(Net3,p,t);
y=sim(Net3,p);
e=t-y;
Perf=mse(e)
[c,cm]=confusion(t,y)
plotconfusion(t,y);
plotroc(t,y);
```

Criação de uma FFNN para um IDS de 2 camadas baseado na utilização indevida

```
p=load('misuseinputs.txt');
t=load('misusetargets.txt');
Net1= newff(p,t,35,{},'trainlm');
Net1.layers{1}.transferFcn = 'tansig';
Net1.layers{2}.transferFcn = 'purelin';
```

Treinar FFNN utilizando o algoritmo Back propagation

```
Net1=train(Net1,p,t);
y=sim(Net1,p);
e=t-y;
Perf=mse(e)
[c,cm]=confusion(t,y)
plotconfusion(t,y);
plotroc(t,y);
```

Criação de FFNN para IDS baseado em utilização indevida de 3 camadas

```
p=load('misuseinputs.txt');
t=load('misusetargets.txt');
Net2 = newff(p,t,[20,15],{},'trainlm');
Net2.layers{1}.transferFcn = 'tansig';
Net2.layers{2}.transferFcn = 'tansig';
Net2.layers{3}.transferFcn = 'purelin';
```

Treinar FFNN utilizando o algoritmo Back propagation

```
Net2=train(Net2,p,t);
y=sim(Net2,p);
e=t-y;
Perf=mse(e)
[c,cm]=confusion(t,y)
plotconfusion(t,y);
plotroc(t,y);
```

Criação de FFNN para IDS baseado em utilização indevida de 4 camadas

```
p=load('misuseinputs.txt');
t=load('misusetargets.txt');
Net3 = newff(p,t,[20,15,5],{},'trainlm');
Net3.layers{1}.transferFcn = 'tansig';
Net3.layers{2}.transferFcn = 'tansig';
Net3.layers{3}.transferFcn = 'tansig';
Net3.layers{4}.transferFcn = 'purelin';
```

Treinar FFNN utilizando o algoritmo Back propagation

```
Net3=train(Net3,p,t);
y=sim(Net3,p);
e=t-y;
Perf=mse(e)
[c,cm]=confusion(t,y)
plotconfusion(t,y);
plotroc(t,y);
```

Código fonte da rede neural de primeira estrutura para teste com ataques conhecidos Fase

Teste de FFNN para IDS baseado em anomalias de 2 camadas

```
p=load('test_attacks_inputs.txt');
t=load('anomaly_test_targets.txt');
y=sim(Net1,p);
e=t-y;
Perf=mse(e)
[c,cm]=confusion(t,y)
plotconfusion(t,y);
plotroc(t,y);
```

Teste de FFNN para IDS baseado em anomalias de 3 camadas

```
p=load('test_attacks_inputs.txt');
t=load('anomaly_test_targets.txt');
y=sim(Net2,p);
e=t-y;
Perf=mse(e)
[c,cm]=confusion(t,y)
plotconfusion(t,y);
plotroc(t,y);
```

Teste de FFNN para IDS baseado em anomalias de 4 camadas

```
p=load('test_attacks_inputs.txt');
t=load('anomaly_test_targets.txt');
y=sim(Net3,p);
e=t-y;
Perf=mse(e)
[c,cm]=confusion(t,y)
plotconfusion(t,y);
plotroc(t,y);
```

Teste do FFNN para IDS de 2 camadas baseado em utilização indevida

```
p=load('test_attacks_inputs.txt');
t=load('misuse_test_targets.txt');

y=sim(Net1,p);
e=t-y;
Perf=mse(e)
[c,cm]=confusion(t,y)
plotconfusion(t,y);
plotroc(t,y);
```

Teste do FFNN para IDS baseado em utilização indevida de 3 camadas

```
p=load('test_attacks_inputs.txt');
t=load('misuse_test_targets.txt');
y=sim(Net2,p);
e=t-y;
Perf=mse(e)
[c,cm]=confusion(t,y)
plotconfusion(t,y);
plotroc(t,y);
```

Teste do FFNN para IDS baseado em utilização indevida de 4 camadas

```
p=load('test_attacks_inputs.txt');
t=load('misuse_test_targets.txt');
y=sim(Net3,p);
e=t-y;
Perf=mse(e)
[c,cm]=confusion(t,y)
plotconfusion(t,y);
plotroc(t,y);
```

Código-fonte da rede neural de primeira estrutura para testes com fase de dados mistos

Teste de FFNN para IDS baseado em anomalias de 2 camadas

```
p=load('new_attacks_inputs.txt');
t=load('anomaly_new_targets.txt');
y=sim(Net1,p);
e=t-y;
Perf=mse(e)
[c,cm]=confusion(t,y)
plotconfusion(t,y);
plotroc(t,y);
```

Teste de FFNN para IDS baseado em anomalias de 3 camadas

```
p=load('new_attacks_inputs.txt');
t=load('anomaly_new_targets.txt');
y=sim(Net2,p);
e=t-y;
Perf=mse(e)
[c,cm]=confusion(t,y)
plotconfusion(t,y);
plotroc(t,y);
```

Teste de FFNN para IDS baseado em anomalias de 4 camadas

```
p=load('new_attacks_inputs.txt');
t=load('anomaly_new_targets.txt');
y=sim(Net3,p);
e=t-y;
Perf=mse(e)
[c,cm]=confusion(t,y)
plotconfusion(t,y);
plotroc(t,y);
```

Teste do FFNN para IDS de 2 camadas baseado em utilização indevida

```
p=load('new_attacks_inputs.txt');
t=load('misuse_new_targets.txt');
y=sim(Net1,p);
e=t-y;
Perf=mse(e)
[c,cm]=confusion(t,y)
plotconfusion(t,y);
plotroc(t,y);
```

Teste do FFNN para IDS baseado em utilização indevida de 3 camadas

```
p=load('new_attacks_inputs.txt');
t=load('misuse_new_targets.txt');
y=sim(Net2,p);
e=t-y;
Perf=mse(e)
[c,cm]=confusion(t,y)
plotconfusion(t,y);
plotroc(t,y);
```

Teste do FFNN para IDS baseado em utilização indevida de 4 camadas

```
p=load('new_attacks_inputs.txt');
t=load('misuse_new_targets.txt');
y=sim(Net3,p);
e=t-y;
Perf=mse(e)
[c,cm]=confusion(t,y)
plotconfusion(t,y);
plotroc(t,y);
```

APÊNDICE C - Código-fonte da rede neural de segunda estrutura

Código-fonte da rede neural de segunda estrutura para a fase de treinamento:

Criação de FFNN para IDS baseado em anomalias de 2 camadas

```
p=load('anomalyinputs.txt');
t=load('anomalytargets.txt');
Net1 = newff(p,t,41,{},'trainlm');
Net1.layers{1}.transferFcn = 'tansig';
Net1.layers{2}.transferFcn = 'purelin';
```

Treinar FFNN utilizando o algoritmo Back propagation

```
Net1=train(Net1,p,t);
y=sim(Net1,p);
e=t-y;
Perf=mse(e)
[c,cm]=confusion(t,y)
plotconfusion(t,y);
plotroc(t,y);
```

Criação de FFNN para IDS baseado em anomalias de 3 camadas

```
p=load('anomalyinputs.txt');
t=load('anomalytargets.txt');
Net2 = newff(p,t,[35,25],{},'trainlm');
Net2.layers{1}.transferFcn = 'tansig';
Net2.layers{2}.transferFcn = 'tansig';
Net2.layers{3}.transferFcn = 'purelin';
```

Treinar FFNN utilizando o algoritmo Back propagation

```
Net2=train(Net2,p,t);
y=sim(Net2,p);
e=t-y;
Perf=mse(e)
[c,cm]=confusion(t,y)
plotconfusion(t,y);
plotroc(t,y);
```

Criação de FFNN para IDS baseado em anomalias de 4 camadas

```
p=load('anomalyinputs.txt');
t=load('anomalytargets.txt');
Net3 = newff(p,t,[30,25,20],{},'trainlm');
Net3.layers{1}.transferFcn = 'tansig';
Net3.layers{2}.transferFcn = 'tansig';
Net3.layers{3}.transferFcn = 'tansig';
Net3.layers{4}.transferFcn = 'purelin';
```

Treinar FFNN utilizando o algoritmo Back propagation

```
Net3=train(Net3,p,t);
y=sim(Net,p);
e=t-y;
Perf=mse(e)
[c,cm]=confusion(t,y)
plotconfusion(t,y);
plotroc(t,y);
```

Criação de uma FFNN para um IDS de 2 camadas baseado na utilização indevida

```
p=load('misuseinputs.txt');
t=load('misusetargets.txt');
Net1 = newff(p,t,41,{},'trainlm');
Net1.layers{1}.transferFcn = 'tansig';
Net1.layers{2}.transferFcn = 'purelin';
```

Treinar FFNN utilizando o algoritmo Back propagation

```
Net1=train(Net1,p,t);
y=sim(Net1,p);
e=t-y;
Perf=mse(e)
[c,cm]=confusion(t,y)
plotconfusion(t,y);
plotroc(t,y);
```

Criação de FFNN para IDS baseado em utilização indevida de 3 camadas

```
p=load('misuseinputs.txt');
t=load('misusetargets.txt');
Net2 = newff(p,t,[35,25],{},'trainlm');
Net2.layers{1}.transferFcn = 'tansig';
Net2.layers{2}.transferFcn = 'tansig';
Net2.layers{3}.transferFcn = 'purelin';
```

Treinar FFNN utilizando o algoritmo Back propagation

```
Net2=train(Net2,p,t);
y=sim(Net2,p);
e=t-y;
Perf=mse(e)
[c,cm]=confusion(t,y)
plotconfusion(t,y);
plotroc(t,y);
```

Criação de FFNN para IDS baseado em utilização indevida de 4 camadas

```
p=load('misuseinputs.txt');
t=load('misusetargets.txt');
Net3 = newff(p,t,[30,25,20],{},'trainlm');
Net3.layers{1}.transferFcn = 'tansig';
Net3.layers{2}.transferFcn = 'tansig';
Net3.layers{3}.transferFcn = 'tansig';
Net3.layers{4}.transferFcn = 'purelin';
```

Treinar FFNN utilizando o algoritmo Back propagation

```
Net3=train(Net3,p,t);
y=sim(Net,p);
e=t-y;
Perf=mse(e)
[c,cm]=confusion(t,y)
plotconfusion(t,y);
plotroc(t,y);
```

Código fonte da rede neural de segunda estrutura para teste com Fase de ataques conhecidos

Teste de FFNN para IDS baseado em anomalias de 2 camadas

```
p=load('test_attacks_inputs.txt');
t=load('anomaly_test_targets.txt');
y=sim(Net1,p);
e=t-y;
Perf=mse(e)
[c,cm]=confusion(t,y)
plotconfusion(t,y);
plotroc(t,y);
```

Teste de FFNN para IDS baseado em anomalias de 3 camadas

```
p=load('test_attacks_inputs.txt');
t=load('anomaly_test_targets.txt');
y=sim(Net2,p);
e=t-y;
Perf=mse(e)
[c,cm]=confusion(t,y)
plotconfusion(t,y);
plotroc(t,y);
```

Teste de FFNN para IDS baseado em anomalias de 4 camadas

```
p=load('test_attacks_inputs.txt');
t=load('anomaly_test_targets.txt');
y=sim(Net3,p);
e=t-y;
Perf=mse(e)
[c,cm]=confusion(t,y)
plotconfusion(t,y);
plotroc(t,y);
```

Teste de FFNN para IDS de 2 camadas baseado em utilização indevida

```
p=load('test_attacks_inputs.txt');
t=load('misuse_test_targets.txt');
y=sim(Net1,p);
e=t-y;
Perf=mse(e)
[c,cm]=confusion(t,y)
plotconfusion(t,y);
plotroc(t,y);
```

Teste do FFNN para IDS baseado em utilização indevida de 3 camadas

```
p=load('test_attacks_inputs.txt');
t=load('misuse_test_targets.txt');
y=sim(Net2,p);
e=t-y;
Perf=mse(e)
[c,cm]=confusion(t,y)
plotconfusion(t,y);
plotroc(t,y);
```

Teste de FFNN para IDS baseado em utilização indevida de 4 camadas

```
p=load('test_attacks_inputs.txt');
t=load('misuse_test_targets.txt');
y=sim(Net3,p);
e=t-y;
Perf=mse(e)
[c,cm]=confusion(t,y)
plotconfusion(t,y);
plotroc(t,y);
```

Código fonte da rede neural de primeira estrutura para testes com fase de dados mistos

Teste de FFNN para IDS baseado em anomalias de 2 camadas

```
p=load('new_attacks_inputs.txt');
t=load('anomaly_new_targets.txt');
y=sim(Net1,p);
e=t-y;
Perf=mse(e)
[c,cm]=confusion(t,y)
plotconfusion(t,y);
plotroc(t,y);
```

Teste de FFNN para IDS baseado em anomalias de 3 camadas

```
p=load('new_attacks_inputs.txt');
t=load('anomaly_new_targets.txt');
y=sim(Net2,p);
e=t-y;
Perf=mse(e)
[c,cm]=confusion(t,y)
plotconfusion(t,y);
plotroc(t,y);
```

Teste de FFNN para IDS baseado em anomalias de 4 camadas

```
p=load('new_attacks_inputs.txt');
t=load('anomaly_new_targets.txt');
y=sim(Net3,p);
e=t-y;
Perf=mse(e)
[c,cm]=confusion(t,y)
plotconfusion(t,y);
plotroc(t,y);
```

Teste de FFNN para IDS de 2 camadas baseado em utilização indevida

```
p=load('new_attacks_inputs.txt');
t=load('misuse_new_targets.txt');
y=sim(Net1,p);
e=t-y;
Perf=mse(e)
[c,cm]=confusion(t,y)
plotconfusion(t,y);
plotroc(t,y);
```

Teste do FFNN para IDS baseado em utilização indevida de 3 camadas

```
p=load('new_attacks_inputs.txt');
t=load('misuse_new_targets.txt');
y=sim(Net2,p);
e=t-y;
Perf=mse(e)
[c,cm]=confusion(t,y)
plotconfusion(t,y);
plotroc(t,y);
```

Teste de FFNN para IDS baseado em utilização indevida de 4 camadas

```
p=load('new_attacks_inputs.txt');
t=load('misuse_new_targets.txt');
y=sim(Net3,p);
e=t-y;
Perf=mse(e)
[c,cm]=confusion(t,y)
plotconfusion(t,y);
plotroc(t,y);
```

MIX
Papier aus verantwortungsvollen Quellen
Paper from responsible sources
FSC® C105338

Printed by Books on Demand GmbH, Norderstedt / Germany